WAGENBACHS TASCHENBÜCHEREI

Der Palast der Arte della Lana

Ernst Piper

Der Aufstand der Ciompi

Über den »Tumult«,
den die Wollarbeiter im
Florenz der Frührenaissance anzettelten

Verlag Klaus Wagenbach   Berlin

»Das Treppenhaus der Geschichte hallt wider vom Aufstieg der Holzschuhe und vom Abstieg der Stiefel.«

Jack London

Zweite durchgesehene Auflage

8. – 10. Tsd. 1981
© 1978 Verlag Klaus Wagenbach Bamberger Straße 6, 1000 Berlin 30
Umschlagentwurf: Jürgen Holtfreter
Satz und Druck: Druckhaus Neue Presse, Coburg
Repros: Reprowerkstatt Rink und Silbermann, Berlin
Bindung: Hans Klotz, Augsburg
Printed in Germany. Alle Rechte vorbehalten.
ISBN 3 8031 2049 7

Inhalt

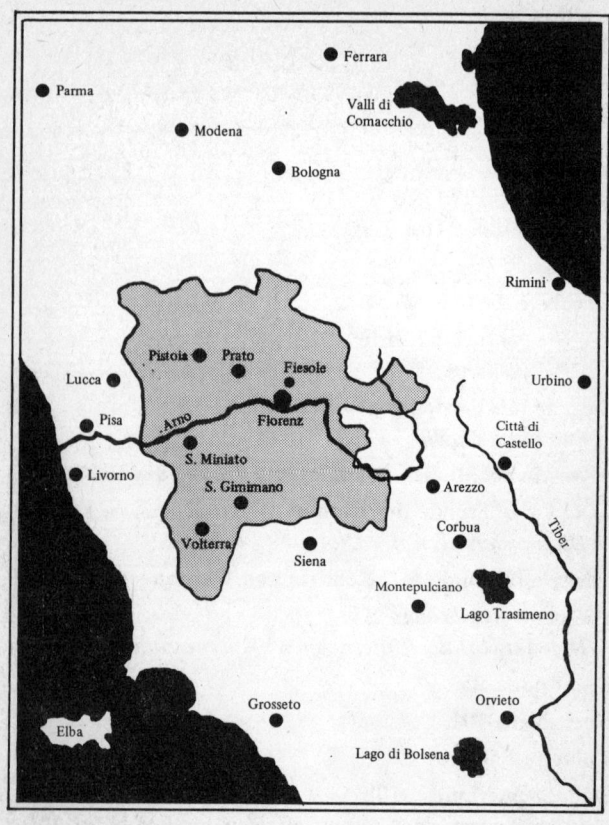

Territorium der Republik Florenz 1378

Vorwort

Am 18. Juni 1378, als das florentiner Stadtparlament gerade über einen Antrag von Salvestro de' Medici beriet, trat plötzlich Benedetto degli Alberti, wie sein Freund Salvestro Bankier und Mitglied einer angesehenen Patrizierfamilie, ans Fenster des Signorenpalastes und rief auf den Platz hinaus: »Viva il popolo (Es lebe das Volk)«. Auf das verabredete Zeichen hin begannen die Arbeiter und Handwerker auf der Piazza della Signoria zusammenzuströmen und die Anhänger der reaktionären *Parte Guelfa* machten sich fluchtartig aus dem Staube.

Was veranlaßte einen der reichsten Männer von Florenz, die Ciompi, die Arbeiter der Wollentuchindustrie, zusammenzurufen? Florenz, finanziell erschöpft vom Krieg mit dem Papst und von Pest, Hungersnot und Arbeitslosigkeit geschüttelt, befand sich in einer revolutionären Krise. In dieser Situation konnte allerdings ein reaktionärer Putsch, wie ihn die Konservativen vorhatten, für Männer wie Benedetto degli Alberti und Salvestro de' Medici, ambitionierte Repräsentanten des Handels- und Wucherkapitals, keine Lösung bieten. Um sich gegen die reaktionären Guelfen durchzusetzen, riefen sie die Arbeitermassen zu Hilfe, denen sie freilich nur eine Statistenrolle zugedacht hatten. Diese nahmen jedoch den Ruf viel ernster, als er gemeint war, und einige Wochen später kam es zum eigentlichen »Tumult«. Die Ciompi stürmten den Signorenpalast, stürzten die Regierung, knüpften den berüchtigten Ser Nuto auf und brannten etliche Paläste nieder. Hier entlud sich der lang angestaute Haß gegen den *popolo grasso,* das »fette Volk«, wie die florentiner Oberschicht kennzeichnend genannt wurde. Für einen kurzen geschichtlichen Augenblick treten Arbeiter erstmals als handelnde Subjekte auf. Nach übereinstimmender Meinung der Historiker gelang es den Ciompi, – wenn auch nur für sechs Wochen – das demokratischste

Regiment in der Geschichte der Stadt Florenz zu errichten.

Hier geht es nicht darum, sich an der akademischen Ciompidiskussion zu beteiligen, etwa der Frage nachzuspüren, ob die Ciompi schon Proletarier waren oder vielleicht doch nur Vorproletarier (was immer das sein mag). Vielmehr geht es darum, diesen so wichtigen Aufstand bekanntzumachen, in dem erstmals Lohnarbeiter die Führung übernehmen. Denn

»weder die Bergarbeiter noch die Handwerksgesellen, noch die unorganisierten städtischen Proletarier waren berufen, die Träger der Anfänge der kommunistischen Arbeiterbewegung zu sein. Nur eine Arbeiterschicht gab es, welche die Verhältnisse nicht nur für kommunistische Tendenzen empfänglich machten, sondern der sie gleichzeitig die nötige geistige Anregung gaben, aus diesen Tendenzen ein neues Gesellschaftsideal herauszuarbeiten, der sie aber auch die nötige Energie verliehen, an diesem Ideal festzuhalten in Zeiten, in denen seine Erreichung völlig aussichtslos schien. Diese Arbeiter waren die der T e x t i l i n d u s t r i e , namentlich die W o l l e n w e b e r .«[1]

Im 14. und 15. Jahrhundert gab es aber auch noch in einem anderen Sinne »nur eine Arbeiterschicht«. Während im übrigen der Handel, besonders der Fernhandel, auf die Nachfrage einer luxurierenden Oberschicht ausgerichtet war, entwickelte sich mit der Textilindustrie bereits eine Massenproduktion:

»Das wichtigste, überwiegend für den Export arbeitende Gewerbe der Zeit war das Textilgewerbe. In ihm gab es, zum Teil schon unter wirtschaftlicher Abhängigkeit auch der selbständigen Gewerbetreibenden, eine Massierung kleiner Produzenten und ihrer Lohnarbeiter. Die Weberstädte wurden daher die eigentlichen Zentren des Massenaufruhrs von Handwerkern.«[2]

Die italienischen Verhältnisse unterscheiden sich insofern von den deutschen, als die Entwicklung der Produktivkräfte schon weiter fortgeschritten war. Subjekt des »Massenaufruhrs« sind nicht mehr sosehr zünftige Handwerker als vielmehr unorganisierte Arbeiter. Nur mit dieser Einschränkung gilt auch das, was der zuvor zitierte Kautsky sagt, der vor allem die deutschen Verhältnisse im Auge hat. Dennoch soll er noch einmal zu Wort kommen, nicht

8

zuletzt als Erinnerung daran, über welche historische Bildung sozialdemokratische Politiker einst verfügten:

»Faßt man alle diese Umstände zusammen, dann begreift man es, daß gerade die Wollenindustrie zum Herde der sozialrevolutionären Bestrebungen der Reformationszeit wurde, daß die Weber bei jedem Kampf gegen die bestehenden städtischen und staatlichen Gewalten im Vordertreffen kämpften und daß sie leicht einer Richtung zugänglich wurden, die der ganzen herrschenden Gesellschaftsordnung den Krieg erklärte, daß bei den kommunistischen Bewegungen des ausgehenden Mittelalters und der Reformationszeit, soweit diese überhaupt etwas von einem proletarischen Klassencharakter an sich haben, in der Regel die Weber damit in Verbindung stehen. ›Nicht umsonst,‹ sagt Schmoller, ›hat die Sprache, den Begriff des Webers und Verschwörers identifizierend, bis auf den heutigen Tag vom Zettel des Webstuhls das Bild genommen, wie man heimlich und langsam politische Unruhen a n z e t t e l t .‹ ›In den Augen mancher Zeitgenossen,‹ sagt Hildebrand, ›haben die Tuchmacherzünfte eine Stellung eingenommen, ähnlich derjenigen, welche man von einzelnen Seiten im Jahr 1848 der bevorzugten (!) Klasse der Arbeiter zu geben suchte.‹«[3]

Webstuhl mit zwei Webern, der rechte wirft gerade das Schiffchen durch die Kette

Kunst und Handwerk

Einführung

Die STADT FLORENZ war im späteren Mittelalter und in der Renaissance eine selbständige Republik. Die Verfassung war für damalige Verhältnisse relativ demokratisch: die Oberschicht und weite Teile des Mittelstandes waren an der Ausübung der politischen Macht beteiligt. Die Signorie, die Herrschaft eines einzelnen, hatte sich in Florenz – im Gegensatz zu den meisten anderen italienischen Städten – von einzelnen Episoden abgesehen nie durchgesetzt. In Florenz bestand die *Signoria,* das oberste Verfassungsorgan[4], aus acht Prioren und dem *Gonfaloniere di Giustizia* (Bannerträger der Gerechtigkeit). Wählbar war jeder Mann[5], der mindestens 30 Jahre alt, guelfisch gesinnt und Mitglied einer Zunft war; auch durfte er weder bankrott sein noch Steuerschulden haben. Die Mitglieder der *Signoria* wurden für jeweils zwei Monate gewählt und mußten sich in dieser Zeit ständig im Palazzo della Signoria (heute Palazzo Vecchio) aufhalten. Solchermaßen vor Bestechungsversuchen und unbotmäßiger Einflußnahme geschützt, sollten sie ununterbrochen zum Wohle der Republik tätig sein. In Wirklichkeit hielt sich kaum jemand an diese Vorschrift. Nach dem Ende der Amtszeit wurde häufig Klage erhoben wegen Amtsmißbrauch, Veruntreuung öffentlicher Gelder, Postenschieberei usw. Der *Signoria* standen zwei Kommissionen zur Seite, ein Zwölfergremium sowie die 16 Bannerträger der Stadtbezirke. Außerdem hatte der *Gonfaloniere di Giustizia* eine Art Infanterie zu seiner Verfügung sowie 500 Maurer und Zimmerleute[6]. Diese waren notwendig für die häufig gegen politische Gegner verfügte Strafe der Zerstörung ihres Hauses bzw. Palastes.

Die beiden Gesetzgebungsorgane waren der *Consiglio del Popolo* (Rat des Volkes) und der *Consiglio del Comune* (Rat der Gemeinde). Sie hatten 300 bzw. 200 Mitglieder. Gewählt wurden sie von der *Signoria,* die Amtszeit betrug vier Monate. Diese Räte konnten keine Initiativen er-

11

greifen, sondern nur über Vorschläge der *Signoria* befin-
den. Sie hatten keine wirkliche Kontroll-, sondern nur eine
Akklamationsfunktion.

Neben den gewählten Organen gab es eine stetig wachsende Bürokratie, die sich in ihrer Spitze vor allem aus Juristen
zusammensetzte. Wichtigste Behörde war die Kanzlei. An
erster Stelle stand der Kanzler, der auf Lebenszeit gewählt
war. Ein großes Problem war es für die Beamten, sich angesichts häufig wechselnder politischer Konstellationen stets
loyal zu verhalten. Oft genug gab es Leute, die nicht die
notwendige Flexibilität an den Tag legten. Als z.B. die
Medici 1512 wieder in die Regierung eingesetzt wurden,
verlor der Kanzleisekretär Niccolò Machiavelli seinen
Posten und mußte fortan sein Dasein als Schriftsteller fristen. Zur Zeit des Ciompiaufstandes war Kanzler der be-
rühmte Humanist Coluccio Salutati; von ihm wird noch zu
sprechen sein.

GESINNUNGSWESEN. Spätestens seit Anfang des 14. Jahrhunderts war klar, daß die Republik Florenz eine Hochburg der Guelfen war. Die *Parte Guelfa* war die einzige
legitime politische Partei; nur wer guelfisch gesinnt war,
erhielt das Bürgerrecht und konnte politische Ämter bekleiden. Der ursprüngliche Gegensatz zwischen Ghibellinen, den Parteigängern des Kaisers, und Guelfen, den An-
hängern des Papstes, hatte längst seine reale Bedeutung
verloren. Vielfach wurde er von lokalen Gegensätzen über-
schattet, häufig standen Städte deshalb auf Seiten der
Guelfen, weil die nächste größere Nachbarstadt ghibelli-
nisch beherrscht war. Das »Leitmotiv der Agitation« lautete: »Florenz, die Hochburg des Guelfentums, kämpft für
die Freiheit der Kommunen; ghibellinische Herrschaft be-
deutet Knechtschaft.«[7] Wenn ein Florentiner ghibellini-
scher Gesinnung überführt wurde, bedeutete das das Ende
seiner politischen Karriere. Meist wurde er verbannt und
sein Haus dem Erdboden gleichgemacht. Es war in der
damaligen Zeit allgemein geübter Brauch, unbequeme
Gegner in die Verbannung zu schicken, gewöhnlich in
eine der nächsten Städte (häufig gelang es ihnen allerdings, in der Umgebung unterzutauchen). Dort hofften die

12

Verbannten dann auf eine politische Wendung in ihrer Heimatstadt, viele — wie z. B. Dante — warteten allerdings vergeblich. Eine mildere, ebenfalls sehr beliebte Form der Bestrafung war es, dem Gegner seine politischen Rechte, d.h. in erster Linie das aktive und passive Wahlrecht, zu entziehen.

Die sieben großen und die 14 kleinen Zünfte

ZÜNFTE. Seit dem Ende des 13. Jahrhunderts war politisches Wirken an die Voraussetzung der Zunftmitgliedschaft geknüpft (mit dieser Maßnahme wollte man den Adel ausschalten). Neben der *Parte Guelfa* waren die Zünfte daher die wichtigsten Organisationen. Die sieben *arti maggiori* repräsentierten das fernhändlerische Großbürgertum sowie das Wucher- und Finanzkapital, aber auch die Bürokratie. In den 14 *arti minori* waren Kleinhändler, Gewerbetreibende und Handwerker organisiert. Die Repräsentation der *arti minori* in den Gremien der Stadtregierung war Schwankungen unterworfen; immer jedoch waren sie in der Minderheit. Die Mitgliedschaft in den Zünften hatte nicht die Ausübung eines Gewerbes zur Voraussetzung, was die beabsichtigte Ausschaltung des Adels in der Praxis weitgehend zunichte machte. Viele Adelige organisierten sich in Zünften, um politisch tätig werden zu können, ohne aber deshalb ein Gewerbe auszuüben. Andererseits war den meisten Arbeitern und Kleinhandwerkern die Zunftmitgliedschaft verwehrt. Sie teilten zwar die Pflichten der Mitglieder, nicht aber deren Rechte. Sie hatten keinen Zugang zu den Beschlußorganen der Zunft, waren aber von deren Beschlüssen betroffen.

Das reiche Bürgertum, das die *arti maggiori* ebenso wie die Regierung der Stadt beherrschte, nannten die Florentiner *popolo grasso,* »fettes Volk«. Die breite Unterschicht aus kleinen Ladenbesitzern, Krämern, Gesellen, Gehilfen, Lohnarbeitern, kleinen Handwerkern, Dienern, Boten und Bettlern hieß *popolo minuto,* »kleines Volk«.[8] Die weitaus größte Gruppe innerhalb des *popolo minuto* machten die Ciompi aus. Zwischen dem großen Kapital und den sozial Deklassierten stand das Kleinbürgertum, das vor allem in den *arti minori* organisiert war. Seinem Wesen nach konservativ, fand es sich doch gelegentlich zu gemeinsamer Aktion mit dem *popolo minuto* zusammen.

INDUSTRIE. Die weitaus wichtigste Industrie in Florenz war die Tuchindustrie. Sie war nach dem Verlagssystem organisiert. Der gleiche *lanaiolo* (Wollverleger oder Wollhändler) blieb während des gesamten Produktionsprozesses Besitzer der Produkte:

14

»Der *lanaiolo*, der kapitalbesitzende oder über geliehenes Nutzkapital verfügende Unternehmer, ist hier zugleich Kaufmann und Leiter des Herstellungsprozesses, ist, soweit Ordnungen der Zunft und des Staates ihn nicht an gewisse allgemeine, übrigens leicht zu umgehende Normen binden, schrankenloser Herr über Sachen und Menschen, deren Zusammenarbeiten das industrielle Produkt erzeugt und vertreibt ... Persönlich oder durch Mittelsmänner, Faktoren, Werkmeister oder Vorarbeiter ... beherrscht und überwacht er den ganzen Arbeitsprozeß; denn vom Rohstoff bis zur Verkaufs- und Gebrauchsreife wechselt das werdende Produkt niemals den Eigentümer: Wollenkauf und Tuchverkauf liegen im allgemeinen in den gleichen Händen.«[9]

Die *Arte della Lana*, die Wollentuchzunft, war die Organisation der *lanaioli*. Sie gehörte zu den größten und einflußreichsten Zünften innerhalb der *arti maggiori*. Die Mitglieder der *Arte della Lana* waren die Herren über viele tausend Arbeiterinnen und Arbeiter, die in Florenz »Ciompi« genannt wurden.

Ein Wollentuchhändler

Die Ciompi

Wer waren die Ciompi? In einer Chronik aus dem 14. Jahrhundert heißt es:

»Der Name Ciompi kommt von den Leuten her, die am allerschlechtesten gestellt sind. Wir nennen so diejenigen, die in den Werkstätten der *Arte della Lana* arbeiten und das Kämmen, Kratzen und Reinigen der Wolle besorgen, damit sie gesponnen werden kann. Da sie während der Arbeit fast nackt in bestimmte Räume eingeschlossen sind, sind sie völlig mit den Farben der Wolle verschmiert und besudelt. Ciompi will also nichts anderes sagen als ganz und gar schmierig, schmutzig und schlecht gekleidet.«[10]

Die Ciompi waren also diejenigen, die bei der Tuchproduktion die niedrigsten und schmutzigsten Arbeiten verrichteten. Sie mußten ihre Arbeitskraft unter denkbar schlechten Bedingungen zu Markte tragen und sie unterstanden der Jurisdiktion der *Arte della Lana,* ohne auf deren Entscheidungen Einfluß zu haben.

In den meisten wichtigen Textilzentren hatten diese Wollarbeiter einen eigenen Namen, in Florenz hießen sie wie gesagt Ciompi. Woher diese Bezeichnung kommt, ist auch heute nicht völlig klar. Die verbreitetste Erklärung geht auf die Zeit der Signorie des französischen Titularherzogs von Athen (1342/43) zurück:

»Ciompo: Wollarbeiter in Florenz; dort geht dieses Wort auf die Zeit des Herzogs von Athen zurück. Es ist eine Verballhornung aus dem französischen ›compère‹ (Gevatter), denn der Herzog und seine Franzosen schmeichelten, um Florenz zu beherrschen, dem Pöbel auch mit dieser wohlwollenden Bezeichnung.«[11]

Ob diese Erklärung, die sich schon bei den zeitgenössischen Chronisten befindet, ethymologisch haltbar ist, mag dahingestellt bleiben. Unbestritten ist jedenfalls, wer die Ciompi waren: die große Masse der Lohnarbeiter in den Werkstätten der *Arte della Lana* im Florenz des 14. Jahrhunderts.

Florenz

Die Jahrzehnte zwischen der Etablierung der Stadtverfassung Ende des 13. Jahrhunderts und der Großen Pest Mitte des 14. Jahrhunderts waren für Florenz die Zeit der größten Prosperität. Die Kurve der wirtschaftlichen Entwicklung zeigte steil nach oben, und Florenz war nicht nur eines der bedeutendsten Wirtschaftszentren der damals bekannten Welt, sondern mit mehr als 90.000 Einwohnern gehörte es auch zu den größten Städten Europas. Flandern und die Toskana waren die Zentren der Tuchindustrie. Hauptsächlicher Produzent und Exporteur des Rohstoffs war England. Von dort kamen nicht nur die größten Mengen, sondern auch die besten Qualitäten. In der ersten Hälfte des 14. Jahrhunderts betrug der englische Wollexport etwa 35.000 Sack pro Jahr (genug für etwa 100.000 Stück Tuch). Kein Wunder, daß der Kanzler dem englischen Parlament auf einem Wollsack sitzend präsidierte, dem Symbol des nationalen Wohlstandes. Mehr als 60 % des englischen Wollexportes wurde von ausländischen, meist italienischen Kaufleuten abgewickelt. Für das Jahr 1338 macht Giovanni Villani in seiner Chronik folgende Angaben:

»Werkstätten der *Arte della Lana* gibt es über 200, die 70 bis 80.000 Stück Tuch herstellen im Wert von mehr als 1.200.000 Florin. Ein gutes Drittel oder noch mehr verbleibt im Lande für die Arbeit, ohne Gewinn für den Wollhändler. Von der besagten Arbeit leben über 30.000 Personen. 30 Jahre zuvor waren es noch etwa 300 Werkstätten und sie machten 100.000 Stück Tuch im Jahr. Aber die waren zu groß und nur halb soviel wert, weil man damals noch nicht Wolle aus England einführte und zu bearbeiten wußte, wie man es später tat.«[12]

Die Richtigkeit dieser Zahlenangaben ist zwar immer wieder in Zweifel gezogen worden[13], sie geben aber doch jedenfalls einen Eindruck von der für damalige Verhältnisse gigantischen Größe der florentiner Tuchindustrie. Dennoch wurden nicht hier die großen Profite gemacht, sondern im Bankgeschäft. Die wirtschaftlichen Bereiche der Produktion, des Handels und der Finanzierung waren allerdings nicht getrennt organisiert. Man spezialisierte sich nicht, sondern versuchte sich vielmehr in jeder möglichen Art des Profitmachens, so daß die meisten der etwa 80 Bankhäuser auch an der Tuchproduktion beteiligt waren.

Eine Bank in Florenz, 15. Jahrhundert

Die Geschäfte der Hochfinanz waren zwar die profitträchtigsten, aber auch die mit dem größten Risiko. Die Investition in erfolglose Könige konnte selbst sehr große Firmen ruinieren. Genau das passierte in Florenz. In den Jahren 1342-46 mußten die führenden Banken, unter ihnen die Bardi und Peruzzi, Konkurs anmelden. Dadurch verloren nicht nur viele Einleger ihre Investitionen, sondern eine große Zahl von Handwerkern und Kleinunternehmern wurde mit in die Pleite gerissen. Nur wenige allerdings kamen in Schuldhaft, unter ihnen der Chronist Villani, der im bürgerlichen Beruf Handelsdiener bei einer der Banken gewesen war. Was war passiert? Edward II. und sein Sohn Edward III. von England waren mit ihren Unternehmungen gegen die Schotten und Franzosen nicht erfolgreich gewesen und mußten deshalb die Zahlungen an ihre Gläubiger einstellen. Nur wenn die von den Banken finanzierten Eroberungs- und Raubkriege mit einem Sieg endeten, konnten die aufgenommenen Kredite zurückgezahlt werden. Da auf der anderen Seite die weltlichen Herrscher (neben dem Papst) weitaus die attraktivsten Kreditkunden waren, fanden sie immer wieder Finanziers. Edward III. stützte sich nun auf neue, diesmal englische Banken, die dafür alle möglichen Konzessionen, darunter zeitweise sogar das Wollexportmonopol erhielten. Die florentiner Banken hatten das Nachsehen. Einige der größeren Häuser überlebten die Krise, so die Alberti, die Strozzi und die Medici. Alle diese Familien finden wir 1378 an führender Stelle am Juniaufstand beteiligt.

Neben der ökonomischen Krise gab es auch eine außenpolitische. Die Republik Florenz, die stets bestrebt war, ihre Herrschaft auf die gesamte Toskana auszuweiten, hatte 1342 einen Krieg gegen Lucca begonnen, der militärisch nicht sehr erfolgreich, dafür aber außerordentlich kostspielig war. Befehlshaber der florentiner Truppen war Walter von Brienne, der den Titel eines Herzogs von Athen führte. Um die finanzielle Krise zu überwinden, machten die Granden Walter zum Signore auf Lebenszeit. Damit waren die Bahnen der plutokratisch-patrizischen Stadtverfassung verlassen. Walter von Briennes Einmannherrschaft hatte zunächst auch die Sympathie des *popolo minuto*. Denn das reiche Bürgertum war gemeinsamer Gegner des entmachteten Adels und der kleinen Handwerker und Lohnarbeiter. Walter von Brienne war sich der sozialen Konstellation, auf die sich seine Herrschaft stützte, auch bewußt. Als wenige Wochen nach seinem Amtsantritt neue Prioren zu bestellen waren, sorgte er für eine wesentlich verbesserte Vertretung des Kleinbürgertums. Und den Färbern, die sich gegen die Tuchfabrikanten nie hatten durchsetzen können, gewährte er das Recht zur Bildung einer eigenen Zunft. Auch der Unterstützung der Ciompi suchte Walter sich zu versichern und verlieh ihnen das Recht, ein eigenes Banner zu führen:

Der Herzog »schuf ein neues Banner, das drei Wappen hatte: nächst der Lanze das mit weißem Feld und einer roten Lilie [das Wappen von Florenz] in der Mitte das Wappen des Herzogs, d.h. ein goldener Löwe auf blauem Feld mit einem Schildchen um den Hals mit dem Wappen des Volkes; und schließlich das Wappen des Volkes: ein weißes Feld mit einem roten Kreuz. Und man begann zu sagen, der Herzog mache sich mit dem Volk gemein und daß er immer sage: ›le notre popule bon‹.«[14]

Walter von Brienne erlaubte den Ciompi, unter seiner Aufsicht eine Art Schutztruppe aufzustellen, wobei das neue Banner Verwendung fand. Dennoch war Walters Herrschaft nur von kurzer Dauer. Schon im folgenden Jahr entledigte sich der Adel seiner wieder, nachdem sich Walters Finanzpolitik als wenig erfolgreich erwiesen hatte. Der eigentliche politische Umsturz erfolgte aber erst einige Wochen später. Die Volkspartei, die in der nach Walters Sturz gebildeten *Signoria* nur schwach repräsentiert war, fühlte sich von den Granden verraten:

»Viele bewaffnete Popolanen kamen auf die Piazza dei Priori [heute Piazza della Signoria] und schrien: ›Es lebe das Volk, die adligen Verräter sollen sterben.‹ Zu den Prioren der Popolanen, die im Palast waren, schrien sie hinauf: ›Werft sie aus dem Fenster, werft sie aus dem Fenster die Prioren der Granden, oder wir verbrennen euch mit ihnen zusammen im Palast.‹ Nachdem ein Reisighaufen errichtet worden war, legten sie Feuer an die Vorhalle des Palastes. . . . Zuletzt, als die Gewalt, die Macht und die Wut des Volkes immer mehr wuchs, traten die besagten Prioren der Granden von ihrem Amt zurück. Aus Gefälligkeit verließen sie den Palast, unter der Aufsicht des Volkes, und unter großer Furcht gingen sie bewacht zu ihren Häusern.«[15]

In den folgenden Jahren waren die *arti minori* stärker als jemals zuvor in den politischen Gremien vertreten.[16] Aus dieser Tatsache hat sich der etwas irreführende Begriff des *governo popolare* abgeleitet. Villani schreibt sogar, die Regierung bestehe aus »Handwerkern, Handarbeitern und Idioten«[17]. Dabei muß man sich vor Augen halten, daß die *arti minori* nicht die breite Schicht der Lohnarbeiter, sondern das Kleinbürgertum vertraten. So kam es auch in den folgenden Jahren immer wieder zu Arbeiterunruhen. Im September 1343 z.B. versammelten sich mehrere tausend »Wollkratzer, kleine Leute und Arme«[18], zogen

durch die Straßen und riefen: »Es lebe der *popolo minuto,*
Tod den Abgaben und dem *popolo grasso.*«[19] Im Oktober wurde der Tucharbeiter Aldobrandino Ciecharini zum
Tode verurteilt, weil er seine Kollegen »mehrfach angestachelt und aufgewiegelt«[20] hatte. Die 1340er Jahre sind
erfüllt von gewaltsamen Auseinandersetzungen. Der wichtigste Fall ist der des Wollkratzers Ciuto Brandini. Laut
Anklageschrift

»hatte Ciuto beabsichtigt, zusammen mit anderen, die durch
seine Worte verführt worden waren, – mit einer möglichst großen Zahl von Gleichgesinnten – eine Bruderschaft der Kratzer,
Kämmer und anderen Wollarbeiter zu bilden und Konsuln der
neuen Organisation zu nominieren. . . . Zu diesem Ziel hatte er
bei vielen Gelegenheiten eine große Zahl von Männern schlechten Rufes versammelt und in diesen Versammlungen hatte er vorgeschlagen, daß jeder einen bestimmten Geldbetrag leisten solle,
damit sie stärkeren Widerstand leisten könnten.«[21]

Ciutos Ziel war also im Grunde genommen nichts anderes,
als die Bildung einer Gewerkschaft. Jeder Versuch, die Arbeiter zu organisieren, traf aber die florentiner Behörden
an ihrem empfindlichsten Punkt. Ideologisch legitimiert
durch die Scholastiker herrschte das Prinzip der freien
Preisbildung auf dem Markt. Dieses Prinzip fand seine
Grenze lediglich dort, wo die Reproduktion der Arbeitskraft betroffen war. Grundnahrungsmittel waren von der
freien Preisbildung über einen gewissen Punkt hinaus ausgenommen. Dafür gab es eine Behörde mit dem schönen
Namen *Ufficio dell'Abbondanza,* d.h. Behörde des Überflusses. Ihre Aufgabe war es, den Kornmarkt zu überwachen, Höchstpreise für Lebensmittel festzusetzen und
etwa gehortete Bestände aufzuspüren. Falls es sich als
notwendig erweisen sollte, hatte sie auch Getreide auf
Kosten der Stadt zu importieren und gegebenenfalls unter dem Einkaufspreis zu verkaufen.

Abgesehen vom Bereich der Nahrungsmittel war die freie
Bildung der Preise aber oberste Doktrin. Grundlage war
ein Gesetz, das selbst die Prioren nicht ändern durften.
Dieses Gesetz erklärte jede Art von Monopolbildung,
Abmachung, geheimer Preisabsprache etc. mündlicher
oder schriftlicher Art durch irgendeine Zunft, deren Vertreter oder ihre Mitglieder für null und nichtig. Diese

Vorschrift fand in den Statuten der Zünfte ihre Entsprechung. Dabei muß man sich daran erinnern, daß die oberen Zünfte in Florenz praktisch reine Unternehmerverbände waren. Die Zunftgewaltigen zogen aus der zitierten Vorschrift denn auch die Schlußfolgerung, daß dadurch jede Art von Organisation der Arbeiter verboten sei, da das einer Monopolbildung gleich käme. Die Statuten des *Podestà* verboten den Arbeitern ausdrücklich, irgendwelche Vereinigungen oder Kollegien zu bilden. Darüberhinaus verboten sie, Versammlungen abzuhalten oder irgendeine Bruderschaft zu errichten, selbst »unter religiösem Vorwand«, außer unter Aufsicht der Zunft. Angesichts dieser Umstände überrascht es nicht, daß das Verbot der Monopolbildung und Preisabsprache in der Praxis hauptsächlich die Arbeiter traf. Ciuto wurde deshalb auch trotz eines Solidaritätsstreiks seiner Kollegen auf dem schnellsten Wege hingerichtet:

»Am 24. Mai 1345 verhaftete in der Nacht der *Capitano* von Florenz . . . Ciuto Brandini und seine zwei Söhne, weil er eine Bruderschaft bei S. Croce organisieren und eine Vereinigung mit den anderen Arbeitern von Florenz gründen wollte. Am besagten Tage hörten unmittelbar darauf die florentiner Arbeiter, d.h. die Wollkämmer und -kratzer, davon und erfuhren, daß der genannte Ciuto des nachts in seinem Bett vom *Capitano* verhaftet worden war, und unmittelbar darauf hörten sie zu arbeiten auf. Und sie wollten nicht wieder arbeiten, wenn sie nicht Ciuto wieder zurückbekämen. Dann gingen die genannten Arbeiter zu den Prioren und baten sie, zu veranlassen, daß sie Ciuto gesund und unversehrt erhielten . . . und außerdem wollten sie besser bezahlt werden. Und dann wurde Ciuto am Halse aufgehängt.«[22]

Das kurzentschlossene Durchgreifen deutet darauf hin, daß die Arbeiter zwar sehr zahlreich, aber politisch nur eine schwache Kraft waren. Dennoch kam es immer wieder zu Auseinandersetzungen. 1346 wurden 16 Garnmacher wegen »Zusammenrottung«[23] verurteilt, die das Haus eines *lanaiolo* geplündert hatten. In den folgenden Jahren drängte sich aber die allgemeine ökonomische und demographische Krise in den Vordergrund[24].

Regelmäßige Heimsuchungen durch abwechselnde Epidemien und Hungersnöte waren damals an der Tagesordnung. Eine besondere Häufung dieser Katastrophen läßt sich im 14. Jahrhundert beobachten. Dies ist auch in der Bevölkerungskurve zu erkennen, die – im Gegensatz zu den vorangegangenen Jahrhunderten – stark abfällt. Der schlimmste von allen Pestzügen war der »Schwarze Tod«, der – ausgehend von Asien – auf den Schiffahrtswegen im Jahre 1347 Marseille und Sizilien erreichte und von dort aus fast ganz Europa verheerte. Florenz wurde vom Schwarzen Tod doppelt schwer getroffen, weil es schon in den 1340er Jahren in besonderem Maße von Krisen erschüttert worden war. Einer schweren Hungersnot im Winter 1339/40 folgte 1340 eine Pest mit 15.000 Toten und eine erneute Hungersnot 1341. 1343 herrschte wiederum Getreidemangel, der eine Teuerung zur Folge hatte. 1346/47 schließlich kam es zur schwersten Hungersnot, so daß der Schwarze Tod eine bereits stark geschwächte Bevölkerung traf.

Im Herbst 1345, zur Zeit der Aussaat, hatte es ständig geregnet, so daß 1346 die Ernteergebnisse nur 20 % des normalen Umfanges erreichten. Die Stadt verschuldete sich auf Jahre hinaus, um Getreide zu importieren (gleichzeitig wurde Getreideexport schwer bestraft), dennoch konnte sie nur 400 Gramm Brot pro Kopf täglich ausgeben, was zum Überleben nicht ausreichte[25]. Viele Handwerker mußten ihre Werkzeuge verpfänden und sich verschulden, um zu überleben. Ein eigenes Gesetz wurde erlassen, das Schuldner bis 100 Florin vor der Schuldhaft bewahrte. Im Frühjahr 1347 erreichte die Hungersnot solche Ausmaße, daß bis auf die Schwerverbrecher alle Gefangenen freigelassen wurden, damit die Stadt sie nicht mehr ernähren mußte. Im Juni kam es fast zu einem Aufstand, da infolge einer Früherneте die Preise vorübergehend gefallen waren und daraufhin die Bäcker sich verabredet hatten, das Getreide aufzukaufen, aber nicht auszubacken. Aber die Stadt ging gegen die Bäcker vor »und einer, der ihr Anführer war, wurde gehängt. Und das Getreide fiel auf den alten Preis von 20 Soldi für einen Scheffel.«[26]

Als der Schwarze Tod dann Florenz erreichte, sank die Einwohnerzahl von über 90.000 (1339) auf weniger als 50.000 (1349). Betroffen waren vor allem die unteren

Schichten, die sich am schlechtesten schützen konnten. Weder konnten sie auf Lebensmittelvorräte zurückgreifen noch verfügten sie über die Mittel, ärztliche Hilfe in Anspruch zu nehmen, noch konnten sie – wie die Wohlhabenden – auf ihre Landsitze flüchten. Während sich die Reichen in ihren Villen verschanzten, strömte die arme Landbevölkerung in die Stadt, weil dort angesichts der städtischen Vorratspolitik die Lebensmittelversorgung besser als auf dem Lande war. Dies drückte sich auch darin aus, daß die Preissteigerungen in der Stadt geringer waren als auf dem Lande. Der überlebende Teil der Arbeiterschaft profitierte von der Katastrophe, denn als Folge des Bevölkerungsrückgangs machte sich ein spürbarer Arbeitskräftemangel bemerkbar. Dieser Umstand führte zu so kräftigen Lohnsteigerungen, daß die *Signoria* einschritt und in bestimmten Fällen Höchstlöhne festsetzte. Diese relative Besserung des Loses der arbeitenden Bevölkerung findet auch darin ihren Ausdruck, daß wir in den nächsten zwanzig Jahren nichts von Arbeiterunruhen hören.

In dieser Zeit übernahm eine neue Generation die ökonomische Initiative – die *gente nuova,* das »neue Volk«. Diese Leute, wir würden sie als Neureiche bezeichnen, kamen vielfach aus dem Kleinbürgertum oder vom Lande und verfügten nicht über Verbindungen zu einflußreichen Familien. Sie ergriffen nach der großen Depression von 1347/48 die Initiative und gewannen dadurch auch politisch an Einfluß. Während das alte Patriziat mehr und mehr seinen bürgerlichen Lebensstil aufgab, sich feudalisierte und politisch zur Monarchie tendierte, hielten die Neureichen das Banner der Republik hoch und bestimmten zunehmend die wirtschaftliche Entwicklung. Auch in Fragen der Außenpolitik nahm die *gente nuova* eine flexiblere Haltung ein. Da die Neureichen keine Verbindung mit der guelfischen Tradition der Stadt hatten, waren sie durchaus bereit, die Koalition mit dem Papst in Frage zu stellen. Die *gente nuova* war die Wirtschaftsgeneration der Hochkonjunktur, die der Depression von 1348 folgte. In jenen Jahren wurde nahezu die Hälfte aller Fernhandelsgesellschaften von solchen Neureichen geleitet. Gleich-

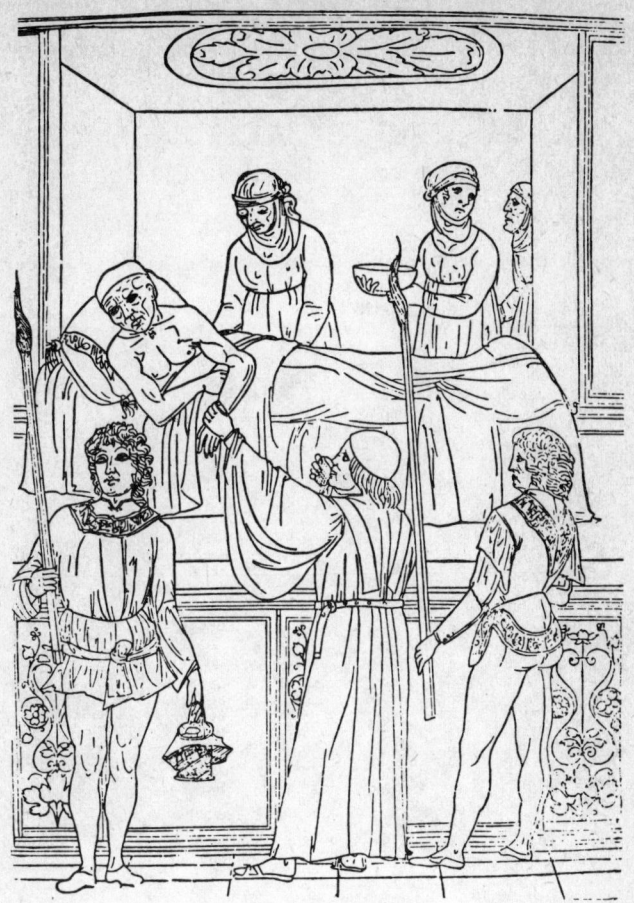

Ein Pestarzt versucht sich durch Riechen an einem Bernsteinapfel vor An-
steckung zu schützen, 15. Jahrhundert

zeitig rekrutierte sich aus ihnen auch der weit überwiegende Teil der Bürokraten, so daß die *gente nuova* ökonomisch wie politisch ein bedeutender Faktor wurde.

Wappen der Arte della Lana, Terrakotta von Luca della Robbia

Unruhige Zeiten

Wenn es auch sicher verfehlt ist, das der großen Pest folgende Vierteljahrhundert als »goldenes Zeitalter der Handwerker«[27] zu bezeichnen, so besserten sich doch jedenfalls vorübergehend die Arbeitsbedingungen, da die Einwanderung vom Lande die Verluste an Arbeitskraft nicht ausgleichen konnte. Die Löhne der florentiner Weberinnen z.B. lagen in den 1360er Jahren um fast 150 % über dem Niveau des Jahrzehnts vor der großen Pest[28].

1368 wendete sich das Blatt erneut. Im August kam es zu Unruhen wegen der hohen Getreidepreise. Mehrere hundert Menschen liefen bei den Kornverkäufern zusammen und »mit großem Geschrei nahmen sie viele Säcke von dem Getreide, das dort feilgeboten wurde, warfen es auf die Erde und schrien die ganze Zeit ›Es lebe das Volk‹«, wie es in dem Todesurteil gegen 16 der Beteiligten heißt[29].

1368 war der Aufschwung vorbei, die Getreidepreise stiegen innerhalb von zehn Jahren um fast 100 %[30]. Die Situation verschlechterte sich so sehr, daß sich viele Textilarbeiter angesichts der Arbeitslosigkeit und niedriger Löhne gezwungen sahen, auszuwandern. Schlechte Ernten führten zu Hungersnöten und ließen die Preise weiter hochschnellen. Gleichzeitig mußte die Stadt wegen akuter Finanznot die Angaben erhöhen, so daß die Preise für die Grundnahrungsmittel wiederum ansteigen.

Im folgenden Jahr, 1369, beschlossen die Zunftkonsuln der *Arte della Lana* eine Inspektion der der Zunft unterstellten Färbereien. Die Färber gehörten innerhalb des Prozesses der Tuchproduktion zu den am besten gestellten Arbeitern. 1342/43 hatten sie sogar für kurze Zeit zusammen mit den Seifensiedern, Aschenbrennern und Krapphändlern[31] eine eigene Zunft gebildet. So machten die Färber denn auch den selbstbewußtesten Teil der Tucharbeiterschaft aus und noch 1369 mußten sich die Zunftkonsuln erneut mit ihnen befassen »angesichts der Tatsache, daß die Färber den *lanaioli* nicht gut dienen, daß sie höhere Preise für ihre Arbeit verlangen und daß sie viele ähnliche Dinge gegen die *Arte della Lana* unternehmen«[32]. Eine Kommission aus zwölf *lanaioli* wurde eingesetzt, die neue Vorschriften für die Färber ausarbeiten sollten. Als diese 1370 in Kraft gesetzt wurden, traten die Färber in den Streik und erklärten, sie seien nicht bereit, weiter für die *Arte della Lana* zu arbeiten. Die *lanaioli* antworteten mit Arbeitsverweigerung. Schließlich beschlossen die Zunftkonsuln, um den Streik zu brechen, daß keinem Färber Arbeit gegeben werden dürfe, der sein Gewerbe länger als zwei Jahre nicht ausgeübt hatte. Wenn aber ein *lanaiolo* einem solchen Färber dennoch Arbeit geben würde, sollte er mit einer Geldbuße von 500 Florin bestraft werden. Auch die äußere Bedrohung der Republik Florenz trug maßgeblich dazu bei, daß die grundsätzliche Auseinandersetzung vorerst vertagt wurde.

Die grundsätzlichen ökonomischen Veränderungen führten auch in anderen Städten zu sozialen Auseinandersetzungen:

»Das deutlichste Symptom dafür, daß alle Strukturen der alten Ökonomie im Laufe des 14. Jahrhunderts zusammengebrochen sind, kann in den zahllosen Aufständen gesehen werden, die die italienische Geschichte während des ganzen Jahrhunderts durchsetzen; städtische Aufstände, deren treibendes Element fast immer die Arbeiter des Textilsektors sind.«[33]

Diese städtischen Revolten häuften sich besonders nach 1368. Der Ciompiaufstand ist nur der berühmteste Fall. 1369 übernahmen die *arti minori* in Lucca die Macht. Auch in Perugia kam es zu Unruhen. Die dortige Stadtverfassung war von der Vorherrschaft des *popolo grasso* gekennzeichnet. Dagegen bildete sich eine Koalition aus entrechteten Adeligen und der Unterschicht, eine Konstellation, die in der damaligen Zeit (nicht zuletzt auch in Florenz) immer wieder zu beobachten war. Als infolge des sich hinziehenden Krieges zwischen Perugia und dem Papst eine schwere Hungersnot die Stadt heimsuchte, kam es im Mai 1371 zum Aufstand. Anlaß waren Klagen über ungerechte Getreideverteilungen. Auf Drängen der am Krieg nicht interessierten Unterschicht wurde bald darauf mit dem Papst Frieden geschlossen.

Im Juli 1371 traten auch in Siena die Arbeiter in den Streik. Angeführt wurden sie von den Wollkratzern, weshalb manche die Aufständischen als »Ciompi von Siena« bezeichnen. Siena litt damals unter einer Hungersnot und zunächst war der auch hier existierende *Ufficio dell'Abbondanza* in Aktion getreten. Doch arbeitete er so schlecht, daß die Versorgungslage nicht etwa besser wurde, sondern eine noch größere Hungersnot folgte, die die Arbeiter zur Aktion zwang. Die Tucharbeiter forderten nicht nur eine bessere Lebensmittelversorgung, sondern auch das Recht, eine eigene Zunft zu bilden. Nach längerem Hin und Her und reaktionären Putschversuchen faßte das Stadtparlament im November den Beschluß, »zum Wohle und Frieden der Stadt die Statuten und Vorschriften der *Arte della Lana* zu korrigieren[34]. Damit war das Hauptproblem gelöst, denn die *Arte della Lana* war auch in Siena die wichtigste Zunft. Unter anderem wurde festgesetzt, daß von den vier Zunftkonsuln die *lanaioli* nur noch zwei stellen sollten, die anderen beiden aber die Tucharbeiter.

Auch außerhalb Italiens waren jene Jahre erfüllt von sozialen Auseinandersetzungen. Im deutschen Sprachraum wissen wir für die Zeit von 1371 bis 1380 von 14 bedeutenden innerstädtischen Kämpfen[35]. In Krakau führte 1375 das Verbot einer Gesellenvereinigung zum Streik[36]. Zwischen 1378 und 1382 kommt es in Frankreich in einem Dutzend verschiedener Städte zu Aufständen[37]. Im Mai 1381 revolieren die südenglischen Bauern unter der Führung von Wat Tyler und John Ball. Die Ablösung der Frondienste durch fixierte Geldabgaben hatte sich angesichts der Inflation für die Grundherren als ungünstig erwiesen, aber die Bauern wollten eine Erhöhung der Abgaben nicht hinnehmen. Die Stadt London stellte sich auf die Seite der Aufständischen und öffnete ihnen ihre Tore. Ausgegangen war die Erhebung von den Grafschaften, in denen die Industrialisierung am weitesten fortgeschritten war. Hauptgrund für diese ökonomische Entwicklung war der neuerliche Aufschwung der Textilproduktion nach der großen Pest[38]. In Flandern, wo die Tuchindustrie neben der Toskana am weitesten entwickelt war, waren im 14. Jahrhundert Erhebungen der Weber und Walker an der

Tagesordnung. Trotz der schweren Auseinandersetzungen in Ypern, Brügge und Lüttich ist am wichtigsten der Aufstand unter der Führung des ersten Hauptmannes der Gemeinde Gent, Philip van Artevelde. Die Weber öffneten die Gefängnisse der Stadt, brannten das gräfliche Schloß nieder und ermordeten den Vogt. Da die Weber in Brügge eine Niederlage erlitten hatten, zogen die Genter 1382 dorthin und eroberten die Stadt im Handstreich. Im November des gleichen Jahres gelingt es den Aufrührern, das Heer Philipps von Burgund vernichtend zu schlagen, doch fällt Philip van Artevelde in der Schlacht und langfristig gelingt es der fürstlichen Macht, von den innerstädtischen Auseinandersetzungen zu profitieren.

Sieg der Genter unter Philipp von Artevelde vor den Toren von Brügge

Die Wollentuchindustrie

Der Fernhandel konzentrierte sich im Mittelalter zunächst vor allem auf Luxusgüter. Gewürze waren z.B. ein sehr geeigneter Artikel, da sie sich durch ein geringes Transportgewicht auszeichneten, andererseits aber ein hoher Preis mit ihnen zu erzielen war. Im Zuge des durch die Kreuzzüge belebten Orienthandels wurden auch Seide, Obst, Parfüme, Medikamente, Farbstoffe und anderes mehr importiert. Im Gegenzug versorgten die italienischen Kaufleute die Levante mit Bauholz, Waffen und Sklaven[39]. Wichtigstes Exportprodukt aber war spätestens seit dem 13. Jahrhundert das Wolltuch. Wichtigster Umschlagplatz für den Handel mit Tuchen waren die Messen in der Champagne. Sie stellten das Bindeglied zwischen der flämischen Industrie und dem italienischen Handel dar. Italien spielte bis zum Ende des 13. Jahrhunderts in der Tuchproduktion nur eine weniger bedeutende Rolle. Dank des hochentwickelten Bankwesens und der fortgeschrittenen Handelsorganisation war es aber die führende Handelsnation. In der Kenntnis der östlichen und der Mittelmeermärkte waren die italienischen Kaufleute ohne ernsthafte Konkurrenz. Die Industrie andererseits, die die gehandelten Tuche produzierte, entwickelte sich zuerst in Flandern. Dem italienischen *lanaiolo* entsprach hier der »drapier«. Doch im 14. Jahrhundert hatte die flämische Tuchindustrie ihren Höhepunkt bereits überschritten. Immer mehr ausländische Kaufleute, vor allem Norddeutsche und Italiener, drangen in den flämischen Handel ein, und auch die sozialen Auseinandersetzungen in den Städten trugen zum Niedergang bei. Entscheidend aber war, daß Flandern bei den Kämpfen zwischen England und Frankreich zwischen die Fronten geriet. Flandern war für die Engländer ein unentbehrlicher Brückenkopf bei ihren Versuchen, Frankreich der englischen Krone einzuverleiben. Edward III. monopolisierte deshalb den englischen Wollexport und verhängte ein Embargo über die flämische Industrie. Als

Gegenmaßnahme sperrte Philip VI. Flandern das nord-
französische Getreide. Arbeitslosigkeit und Hungersnöte
waren die Folge, und viele Tucharbeiter sahen sich gezwungen, nach England oder nach Italien auszuwandern.
Edward erreichte damit gleichzeitig auch eine Stärkung
der einheimischen Tuchindustrie, die auf lange Sicht natürlich lukrativer war als der Rohstoffexport. Jakob van
Artevelde, der Vater von Philip van Artevelde, führte
1338/40 Flandern auf die Seite Englands, um das
Schlimmste zu verhüten, doch machte der Ausbruch des
Hundertjährigen Krieges seine Bemühungen weitgehend
zunichte.

Wolle wird gegen Weizen getauscht, 15. Jahrhundert

Wie bereits deutlich geworden ist, war England der wichtigste Rohstofflieferant für die Tuchindustrie:

»Die Tuchproduktion wurde Flanderns wichtigste Industrie . . .
Die geographische Nähe zu England mit seinen großen und leicht
zugänglichen Wollvorräten begünstigte eine natürliche Symbiose
zwischen den beiden Ländern. Eine sehr große, für mittelalterliche
Verhältnisse ungeheuere Textilindustrie entstand in Flandern,
deren Exporte jede Ecke Europas erreichten und sogar noch
darüber hinaus gingen, während England einen sehr großen, für
mittelalterliche Verhältnisse ebenfalls ungeheueren Strom von
unbearbeiteter Wolle in die flämischen Städte lenkte.«[49]

Der englische Wollexport umfaßte zwischen 30.000 und 50.000 Sack jährlich, was vier bis sechs Millionen Vliesen entspricht[41]. Die flämische Industrie war natürlich nicht der einzige Abnehmer dieser ungeheueren Menge. Vielmehr traten zunehmend die italienischen Textilstädte in den Vordergrund, allen voran Florenz.

Die englischen Kaufleute nahmen dabei eine weitgehend passive Rolle ein, denn der Wollexport lag vornehmlich in den Händen ausländischer, vor allem italienischer Kaufleute, die andererseits als Geldgeber für die englische Krone unentbehrlich waren. In England – wie in Spanien, woher die Merinowolle kam – wurde die Wollproduktion derartig intensiviert, daß die Schafzucht den Ackerbau bedrohte. Diese »Spezialisierung, die in Richtung Kapitalismus verläuft«[42] läßt den Rahmen der Subsistenzwirtschaft weit hinter sich; produziert wird vielmehr für den Großhandel, der Bestandteil einer internationalen Arbeitsteilung der entwickelteren Regionen ist. Proletarisierung der Bauern und Landflucht in die Städte sind notwendige Begleiterscheinungen dieser Spezialisierung, wobei die Landflucht wiederum Voraussetzung für die Ausweitung der industriellen Produktion in den Städten ist. Angesichts der Internationalität des Fernhandels tut es der englischen Wollproduktion keinen Abbruch, daß nur etwa ein Drittel des Wollexports von englischen Kaufleuten kontrolliert wird.

Die Komplementarität dieser internationalen Transaktionen wird auch deutlich, wenn man weiß, daß dem italienischen Wollimport aus England kein annähernd gleichbedeutender Warenexport dorthin gegenüber stand. Die Unentbehrlichkeit der Italiener manifestierte sich vielmehr auf dem Finanzsektor. Erst seit dem Ende des 15. Jahrhunderts sollte es dann dem oberdeutschen Handelskapital gelingen, die europäische Vorherrschaft der italienischen Banken zu brechen. Deren Dominanz wurde in England allerdings bereits durch die Bankenkrise grundlegend erschüttert:

»Der Bankrott der großen florentiner Firmen, der in den 1340er Jahren auf ganz Europa ausstrahlte, beendete die fünfzig Jahre alte italienische Herrschaft in England, das finanzielle System, bei dem erfolgreiche Gesellschaften einen großen Teil des Woll-exporthandels und der Finanzen der Krone kontrolliert hatten. Die Wiederkehr des Phänomens der Bardi und der Peruzzi wur-de auf lange Sicht nicht durch den Niedergang von Florenz, sondern durch den Rückgang des englischen Wollhandels ver-hindert.«[43]

Wie einschneidend der durch die große Krise (1347/48) verursachte Rückgang der Wirtschaftstätigkeit war, wird dadurch deutlich, daß die florentiner Medici-Bank im 15. Jahrhundert das weitaus größte Bankhaus der damals be-kannten Welt war, während sie zugleich doch wesentlich kleiner war als die Bank der Peruzzi mehr als 100 Jahre zuvor[44].

Nach der großen Pest gelang es den florentinischen Fir-men zwar, in England wieder Fuß zu fassen, doch dieser zweite, weit bescheidenere Aufschwung fand mit dem Ciompiaufstand ein abruptes Ende. Gleichzeitig besann man sich in England darauf, die produzierte Wolle im eigenen Lande zu verarbeiten, wo sie nur ein Drittel des-sen kostete, wofür sie auf dem flämischen Markt gehan-delt wurde, und schon zu Beginn des 15. Jahrhunderts be-trug der englische Wollexport nur noch 10.000 Sack im Jahr[45].

Zur Zeit des Ciompiaufstandes war aus dieser Entwicklung noch kein ernsthaftes Problem erwachsen, zumal ja auch die Produktion der florentiner Tuchindustrie rückläufig war. Ohnehin wurde englische Wolle nur für bestimmte Zwecke, die feineren Tuche nämlich, verwendet. Und zu Anfang des 14. Jahrhunderts hatte englische Wolle – wie ja auch dem obigen Zitat von Villani zu entnehmen ist – noch gar keine Rolle gespielt. Die italienische Wolle zu ver-arbeiten war andererseits auch nicht sehr lukrativ, da sie qualitativ zu schlecht war; sie wurde vor allem von der Landbevölkerung zur Deckung des Eigenbedarfs ge-braucht. Die florentiner Tuchverleger importierten Wolle aus Nordwestafrika, Südfrankreich, Spanien und natürlich auch aus England (und Schottland). Für die Hochblüte der Tuchindustrie im zweiten Viertel des 14. Jahrhunderts war England zweifellos wichtigster Rohstofflieferant. In jener Zeit hatten die florentiner *lanaioli* den flämischen *drapiers* eindeutig den Rang abgelaufen.

34

Allegorie auf den Handel, Holzschnitt von Jost Amman

Begonnen hatte die florentiner Tuchproduktion, die in ihrer Bedeutung zunächst hinter der Weiterverarbeitung von flämischen Halbfabrikaten zurückstand, vor allem mit den Humiliaten, einer Laienbrüderschaft, die im 12. Jahrhundert in Florenz tätig war. Auch die von den Humiliaten organisierte Produktion war in der Arbeitsteilung schon relativ weit fortgeschritten. Die Mönche beteiligten sich selbst an den Arbeiten, daneben waren aber auch Lohnarbeiter tätig, die mit im Kloster wohnten. Für den Verkauf war der *frater mercator,* der »Bruder Kaufmann«, zuständig. Die Mönche bedienten sich auch des Kapitalmarktes, weil die Einlagen der Klosterangehörigen als Investition nicht ausreichten. Der aus dem Verkauf erzielte Gewinn wurde vor allem in Grundbesitz angelegt. Die Humiliaten waren allerdings auf die Dauer geschäftlich nicht

Humiliaten beim Tuchverkauf

allzu erfolgreich, schon im 14. Jahrhundert fristen sie ihr Dasein auf Kosten des Stadtsäckels und für die weitere Entwicklung der Tuchindustrie spielen sie keine Rolle mehr, dennoch sind sie für die erste Zeit von Bedeutung. So errichteten die Humiliaten z.B. am nördlichen Arnoufer die ersten größeren Plätze für das Spannen und Trocknen der Tuche.

Voraussetzung für die Entwicklung einer wirklich bedeutenden Textilindustrie war ein potenter Kapitalsektor, der es den Florentinern erlaubte, mit den flämischen Kaufleuten um die englische Wolle zu konkurrieren. Eine zweite, entscheidende Voraussetzung für die Kapitalisierung des zirkulierenden Geldes war die Lohnarbeit:

»Die elementare Voraussetzung der bürgerlichen Gesellschaft ist, daß die Arbeit unmittelbar Tauschwert produziert, also Geld; und daß dann ebenso Geld unmittelbar die Arbeit kauft, den Arbeiter daher nur, sofern er selbst seine Tätigkeit im Austausch veräußert. Lohnarbeit nach der ersten Seite, Kapital nach der zweiten sind also nur andere Formen des entwickelten Tauschwerts und des Geldes als seiner Inkarnation.«[46]

Erst eine zahlenmäßig relevante Lohnarbeiterschaft machte industrielle Produktion möglich, in die investiert werden konnte. Das wichtigste, im großen Stil für den Export produzierende Gewerbe war das Textilgewerbe. Die Textilarbeiter waren nicht nur die zahlreichste, sondern auch die ärmste aller Berufsgruppen; »der Arbeiter wird umso ärmer, je mehr Reichtum er produziert«[47]. Die Stadtarmut wird unversehens zu einem quantitativen Problem, überall werden Bettelordnungen erlassen und Bettelmeister eingestellt. Für Florenz beklagt der Chronist Villani schon 1330 über 17.000 Arme, fast ein Fünftel der Bevölkerung. In der Textilindustrie realisierte sich am schnellsten und gründlichsten die mit Macht voranschreitende Monetarisierung der gesellschaftlichen Beziehungen[48]. Die materielle Reproduktion realisierte sich nunmehr durch die Zirkulationssphäre, d.h. es entstand ein Markt, auf dem schließlich auch Arbeitskraft gehandelt wurde. Da die Bevölkerungsbilanz der Städte passiv war, kam es darauf an, die Zuwanderung vom Lande zu fördern. Vor allem durch die Befreiung der Hörigen (in Florenz 1289) erhielt der rasch expandierende Arbeitsmarkt den notwendigen Zufluß an billigen Arbeitskräften. Dieser Strom von Arbeitswilligen sorgte dafür, daß zumindest vor 1347/48 die Ware Arbeitskraft immer reichlich vorhanden war und die Löhne niedrig blieben. Gleichzeitig war es den Arbeitern auch nicht möglich, ihre Lage durch kollektives Auftreten zu verbessern:

>> Wir können nicht umhin festzustellen, daß aus der Sicht der Meister der *Arte della Lana*, wie sie in ihren eigenen Zunftstatuten offenbar wird, die Wollarbeiter nichts besseres als lebender Besitz waren, angeheuert, um mit einem minimalen Lohn zu überleben. Gleichzeitig war ihnen unter schwersten Strafen untersagt, den Versuch zu unternehmen, durch kollektives Verhandeln ihren marginalen Anteil am Erlös zu erhöhen.«[49]

In den Statuten einiger Zünfte findet sich eine Vorschrift, die das Arbeiten in feuchten Kellerräumen und bei Nacht verbot. Der Grund war allerdings nicht die Sorge um das Wohl der Arbeiter, sondern die Furcht der Meister, unter solchen Bedingungen würde – etwa wegen ungenügender Lichtverhältnisse – schlechte Arbeit geleistet[50]. Als nach der großen Pest die Löhne zu steigen begannen und die Ciompi erstmals mit mehr Nachdruck hätten auftreten können, wurde eine Kommission aus acht *lanaioli* eingesetzt, die die Löhne kurzerhand festschrieb. Andererseits trugen gerade die Habenichtse die Hauptlast der Verbrauchssteuern, die in den Jahren nach 1350 noch einmal kräftig erhöht wurden. Viele Wollarbeiter konnten mit ihrem kargen Lohn deshalb nicht auskommen und mußten ihre letzten Habe, ja selbst ihre Arbeitsgeräte verpfänden. Letzteres war die wichtigste Ursache dafür, daß sich im Lauf der Zeit der soziale Status einiger Arbeitergruppen – z.B. der Weber, Walker und Scherer – bedeutend verschlechterte, weil sie, nachdem sie ihrer Werkzeuge verlustig gegangen waren, in noch weit stärkere Abhängigkeit von den Verlegern gerieten. So waren die meisten Arbeiter unentrinnbar verstrickt in ein Netz aus Assoziationsverboten, niedrigen Löhnen und Verschuldung. Als Beispiel sei die Steuererklärung des Wollkratzers Biagio di Niccolò zitiert:

»Er besitzt ein Drittel eines Hauses,
das sein Vater für 30 Florin gekauft hat.
Darin lebt er.   0- 0- 0
Die Hälfte eines Häuschens in der Via
delle Romite. Er bezieht eine Miete von
3¾ Florin im Jahr   46- 0- 0
Bei dem Häuschen ist ein kleines Stück
Garten.   0- 8- 8
Verpflichtungen
Er schuldet dem Tuchfabrikanten Braccio
di Giovanni   20- 0- 0
Freibeträge: Biagio di Niccolò   200- 0- 0
Monna Fiora, seine Frau   200- 0- 0
Gemma, seine neunjährige Tochter   200- 0- 0
Chola, seine fünfjährige Tochter   200- 0- 0
Er bezahlt Miete für die zwei Drittel des
Hauses, die ihm nicht gehören   14- 5- 0
Steuerpflichtiges Vermögen   65-18- 8
Freibeträge   834- 5-10«[51]

Fälle wie dieser sind außerordentlich zahlreich. Selbst der
Bildhauer Lorenzo Ghiberti mußte ein Minus deklarieren.
Auf der Habenseite waren zwar Staatsanleihen im Wert
von 714 Florin zu verbuchen, andererseits hatte er 17
verschiedene Gläubiger, darunter mehrere Tuchverleger
und Banken[52]. Noch mehr verschlechterten sich die Verhältnisse, als 1371 ein Zunftgesetz der *Arte della Lana*
festlegte, daß in Zukunft die Ciompi ihre Schulden nicht
mehr bar zurückzahlen durften (was sie allerdings oft
ohnehin nicht konnten), sondern abarbeiten mußten. Damit war die Lohnsklaverei perfekt.

Arbeitsteilung

Die Arbeitsteilung war nicht nur in der Tuchherstellung weiter fortgeschritten als in jedem anderen Gewerbe, sie war auch in der florentinischen Textilindustrie weiter fortgeschritten als andernorts. 26 verschiedene Arbeitsgänge unterschied man zur Zeit des Ciompiaufstandes. Die florentinischen Verhältnisse waren damit denen des entwickelten Kapitalismus fast ähnlicher als der handwerklichen Fertigung des Mittelalters (in den englischen Tuchfabriken des 19. Jahrhunderts erreichte die Arbeitsteilung etwa 50 verschiedene Stufen). Auch quantitativ war die Tuchindustrie in Florenz weiter entwickelt als irgendwo sonst[53]. Die Arbeiten wurden in der Stadt teilweise in Zentralwerkstätten, teilweise in den Werkstätten der Handwerker ausgeführt. Die hausindustriellen Arbeiten fanden zum guten Teil auch auf dem Lande statt. Die 26 verschiedenen Arbeitsgänge sind die Folgenden[54].

1. Nach der Ankunft der Wolle wurden die Vliese ein erstesmal gereinigt durch Schlagen mit Weidenruten.
2. Danach wurden die Vliese nach Qualitätsmerkmalen sortiert und in verschiedene Güteklassen eingeteilt.
3. Die Wollwäscher wuschen und säuberten sodann die Wolle auf Sortierbrettern.
4. Die gewaschene Wolle wurde mit kleinen Scheren eingehend gereinigt.
5. Anschließend wurde die Wolle auf Gerüsten ausgebreitet und unter wiederholtem Besprühen geklopft.
6. Es folgte das Durchtränken der Wolle mit Öl, das meistens von den Wollkämmern besorgt wurde.
7. Ein wichtiger Vorgang war das Kämmen der Wolle. Hierdurch wurde die Trennung in (langes) Kammgarn und (kurzes) Streichgarn erreicht.
8. Das Kammgarn wurde auf Spinnrocken gewickelt.
9. Die Flockwolle wurde für das Kratzen durch Reinigen, Sprühen und Ölen präpariert.
10. Die Wollkratzer, Kern der Ciompi, waren die weitaus größte aller Arbeitsgruppen.

11. Es folgte das Spinnen. Zunächst hatte es eigene *sta-maioli*, Garnverleger gegeben, die ihre Selbständigkeit jedoch auf die Dauer nicht erhalten konnten.

12. An das Spinnen schloß sich das Aufspulen des gesponnenen Fadens auf die Garnrolle an.

13. Die Scherer schoren sodann die Kettfäden mit Hilfe eines Scherrahmens, der auch dazu diente, die gewünschte Anzahl von Zwirnfäden in der richtigen Länge abzumessen.

14. Sodann wurde das Tuch gewoben. Die Weber spielten in Florenz eine nicht so wichtige Rolle wie in Flandern oder Deutschland.

15. Der nächste Arbeitsgang war das Glätten des Tuches.

16. Danach wurde das Tuch gereinigt und gewaschen.

17. Das gereinigte Tuch wurde von den Walkern durch Seifen und Treten gewalkt.

18. Es folgte das Spannen, Strecken und Trocknen der Tücher.

19. Anschließend wurde das Tuch mit Distelköpfen gekrempelt, d.h. aufgerauht.

20. Wenn es so präpariert war, wurde das Tuch geschoren.

21. Jetzt traten die Färber in Aktion, denn bereits die Wolle zu färben, war in Florenz nicht üblich. Nach dem Färben spannten und streckten sie die Tücher erneut.

22. Jetzt wurden die fast fertigen Tücher auf Fehler durchgesehen und gegebenenfalls ausgebessert.

23. Es folgte ein erneutes Krempeln und Scheren (vgl. die Stationen 19 und 20) des Tuches, das je nach Qualität des Produkts bis zu viermal wiederholt wurde.

24. Einen eigenen Arbeitsgang bildete ein leichtes, abschließendes Krempeln.

25. Zuletzt wurde das Tuch mit einer kalten Presse gepreßt. Um dem Tuch Glanz zu geben, preßte man es sodann zwischen Papierblättern.

26. Den Schluß bildete das Falten der Tücher, das der Verpackung vorausging.

Kämmen, Kratzen und Spinnen mit Spinnrocken

Webstuhl

Zwei Färber bei der Arbeit

Nonnen beim Spinnen und Weben

Tuchscherer, Kirchenfenster der Tucherzunft, Semur-en-Auxois

Spannen und Ausbessern der Tücher

*Flandrischer Walker,
14. Jahrhundert*

Färber in seiner Werkstatt

45

Beherrscht wurde dieser ganze Prozeß von der *Arte della Lana.* Zwar waren viele tausend Arbeiter an der Herstellung der Tücher beteiligt, doch hatte die *Arte* nur einige hundert vollberechtigte Mitglieder. Und Zunftkonsul konnte nur der *lanaiolo* werden, der eine jährliche Mindestproduktion von 100 Stück Tuch nachwies[55]. Tuchverleger (und ihre Familienangehörigen) auszuschalten, die Konkurs gemacht hatten, hatte folgender Beschluß der Zunftkonsuln zum Ziel:

»Die Tatsache bedenkend, daß die Regierung der *Arte della Lana* das grundsätzliche Fundament für eine gute Regierung des übrigen Florenz ist, sollen nur würdige Personen in die Ämter der *Arte* gewählt werden, die durch Ehre oder Ruhm besonderes Ansehen genießen.«[56]

Der politische Grundsatz lautete: Was gut ist für die *Arte della Lana* ist auch gut für Florenz. Gleichzeitig war diese Zunft der Ochlokraten darauf bedacht, ihre Exklusivität zu wahren. Im April 1378, kurz vor dem Aufstand der Ciompi, wurde die Immatrikulationsgebühr vervierfacht, was sicher auch nicht zur Beruhigung der Gemüter beitrug. Wie wichtig die *Arte della Lana* war, machen die Zahlen deutlich: Zur Zeit des Ciompiaufstandes hatte Florenz ungefähr 60.000 Einwohner. Davon waren etwa 14.000 in der Tuchindustrie tätig, d.h. also fast ein Viertel der gesamten Einwohnerschaft und ein entsprechend höherer Anteil der arbeitenden Bevölkerung. Wichtigstes Instrument zur Kontrolle dieser Arbeitermassen war der *ufficiale forestiere*[57], der »ausländische Beamte«, der seinen Namen wohl daher hatte, daß er von auswärts berufen wurde. Gewählt von den *lanaioli*, übte der *ufficiale forestiere* die Arbeitsgerichtsbarkeit aus. Es war nicht möglich, gegen seine Entscheidungen Berufung bei einer städtischen Behörde einzulegen. Und wer zu einer Haftstrafe verurteilt wurde, wanderte in das Gefängnis der *Arte della Lana,* nicht in das der Stadt. Der *ufficiale forestiere* hatte alle Körperstrafen sowie die Folter auszuführen und den 16- bis 18stündigen Arbeitstag der Ciompi zu überwachen. Außerdem standen ihm zur Ausübung seiner Kontrollfunktion in reichlicher Anzahl Spitzel zur Verfügung, die *exploratores secreti.* Auch der hilfreiche Arm der Kirche wurde in

Anspruch genommen. So sorgten z.B. *lanaioli* dafür, daß Spinnerinnen exkommuniziert wurden, wenn das gesponnene Garn nicht ihren Vorstellungen entsprach[58].

Ein Umstand, der auf keinen Fall übersehen werden darf, ist die Tatsache, daß es auch innerhalb der Wollentucharbeiterschaft eine starke soziale Differenzierung gab. Grob unterscheiden lassen sich etwa folgende fünf Gruppen:

1. Diejenigen, die in den Zentralwerkstätten arbeiteten mit Werkzeugen, die den *lanaioli* gehörten, und die täglich entlohnt wurden. In diese schlechteste Gruppe fallen die Arbeitsgänge 1, 2, 5, 6, 7, 8, 9, 10, 13, 15 und 22.

2. Besser erging es denen, die zuhause arbeiten konnten, manchmal von mehreren *lanaioli* Aufträge erhielten und im Stücklohn bezahlt wurden. Hierher gehören die Arbeitsgänge 11, 12 und zum Teil 13.

3. Die dritte Gruppe bildeten die Weber (Arbeitsgang 14). Sie waren zunächst im Besitz eigener Arbeitsmittel gewesen, mit der Zeit näherte sich ihr Status je-

Webkunst, Darstellung von Andrea Pisano auf dem Campanile des florentiner Doms

47

doch immer mehr dem der zweiten Gruppe. Die Arbeit der Weber ist dadurch gekennzeichnet, daß die ganze Familie mitarbeitet, so daß es nicht überrascht, daß Frauen hier eine besonders große Rolle spielen. Am Weben sind vielfach auch Landbewohner beteiligt. Auch finden wir hier besonders viele Auswärtige, vor allem Flamen und Deutsche, die angesichts der größeren Prosperität nach Italien gekommen sind.

4. Es folgen die Walker und andere Tucharbeiter (Arbeitsgänge 3, 4, 16, 17 und 18), deren Tätigkeit größere Kapitalinvestitionen erforderte. Sie arbeiteten in großen Werkstätten, die zunächst einzelnen gehörten, jedoch nach und nach fast alle unter die Kontrolle der *Arte della Lana* gerieten, so daß die Arbeiter Raum und Gerätschaften mieten mußten.

5. Die Fertiger (Arbeitsgänge 19-26) waren die einzigen, die die *Arte della Lana* nie völlig unter ihre Kontrolle brachte. Die wichtigste Gruppe, die Färber, hatte ja 1343 sogar für kurze Zeit eine eigene Zunft besessen. Diese Leute sind noch Handwerker im alten Sinne, d.h. Meister mit eigenen Werkstätten. Sie sind im Besitz ihrer Werkzeuge, haben einige Gesellen und führen Preisverhandlungen aus einer relativ unabhängigen Position.

Wenn wir uns einen Ciompo vorstellen, der 16 Stunden täglich unter schwerstem körperlichen Einsatz in einer Zentralwerkstatt Wollenvliese reinigt, und ihm einen Färber gegenüberstellen, der mehrere Gesellen angestellt hat, deren Arbeit er nur noch beaufsichtigt, und sich nebenbei vielleicht noch am Handel mit Färbemitteln beteiligen kann, so bekommen wir einen Eindruck von den enormen sozialen Unterschieden, die es auch innerhalb der Aufständischen des Jahres 1378 gab. Die kleinbürgerlichen, ihrem Wesen nach konservativen Elemente innerhalb der Wollentucharbeiterschaft waren es auch, die beim Aufstand der Ciompi bereits nach kurzer Zeit die Führung übernahmen. Nachdem sie gewisse Forderungen – wie z.B. das Zunftrecht – durchgesetzt hatten, traten sehr bald die ökonomisch bedingten Interessengegensätze wieder zutage.

Marktszene, 15. Jahrhundert

Um die große Masse der Ciompi zu beherrschen, bediente sich die *Arte della Lana* nicht nur des Vereinigungs- und Versammlungsverbotes und des Verbotes kollektiver Lohnverhandlungen. Es sollte den Ciompi auch streng untersagt sein, ihre Produkte an irgend jemand anderen als ihren *lanaiolo* zu verkaufen, d.h. es sollte für die Wollarbeiter nicht möglich sein, auf eigene Rechnung zu wirtschaften, was ihr karges Auskommen vielleicht etwas gebessert, aber eine Gefahr für den Profit ihrer Herren dargestellt hätte. Indem die *Signoria* diese Petition der *Arte della Lana* 1298 annahm, war klar, daß die Regierung bereit war, »sich in den Dienst kapitalistischer Interessen (zu) stellen«[59]. Den Verkauf hatten die Tuchverleger monopolisiert, weil hier die Profite gemacht wurden. Ihre flämischen Kollegen begegneten der auf dem Lande entstehenden Konkurrenz mit rigorosen Strafexpeditionen, bei denen sie über die Dörfer ziehend alle Webstühle und Gerätschaften zerstörten.

Der Tuchverkauf erfolgte meist in den Läden der *lanaioli.* Am wichtigsten aber war im 14. Jahrhundert die große Tuchmesse, die jährlich am 11. November auf der Piazza della Signoria durchgeführt wurde. Hier bildeten sich die Verkaufspreise, auf die die Tuchverleger ebensowenig einen steuernden Einfluß zu nehmen vermochten wie auf die Einkaufspreise für das Rohmaterial. Jedes Ansteigen der Löhne betrachteten sie daher als eine Bedrohung, die geeignet war, ihre Profite zu gefährden. Welch wichtigen Faktor die Löhne darstellten, zeigt die Kostenstruktur[60]. Fast 60 % der gesamten Aufwendungen des *lanaiolo* entfielen auf die Produktion, zwischen 35 % und 40 % auf den Einkauf der Wolle und etwa 5 % auf den allgemeinen Geschäftsbedarf (Verwaltung, Buchhaltung usw.). Vom Profit wollten das Management, die Investoren und der Tuchherr leben. Wenn man noch die langsame Umlaufgeschwindigkeit des Kapitals bedenkt[61], dann ist es nicht verwunderlich, daß die in der Tuchindustrie erzielten Profite im Vergleich zu denen des Bankgeschäfts eher bescheiden waren.

Neben dem Druck auf die Löhne hatten die *lanaioli* noch eine zweite Möglichkeit, ihre Ertragslage zu bessern: Sie nahmen aktiv Einfluß auf die Geldpolitik der Stadt. Florenz hatte im 13. Jahrhundert begonnen, einen Goldgulden, den Florin, zu prägen. Der Florin hatte zunächst den Gegenwert von einem Pfund *piccioli*, der lokalen Silberwährung. Dieser Wechselkurs war jedoch nicht fixiert. Die Goldwährung war für Bankgeschäfte und den Fernhandel reserviert; Einzelhandel und Lohnzahlungen wurden in Silberwährung abgewickelt. Wenn Geldmangel herrschte, wurde die Silberwährung abgewertet, um den Florin zu schonen, so daß Ende des 15. Jahrhunderts der Gegenwert eines Florin bereits sieben Pfund *piccioli* betrug. Als 1345 das Silber knapp wurde und der Realwert der Löhne stieg, setzten die *lanaioli* deshalb ein Exportverbot für Silber durch, so daß es bereits zwei Jahre später möglich war, das Wertverhältnis beider Währungen wieder mehr im Sinne der Unternehmer zu gestalten. Villani berichtet uns davon:

»1347 sank der Florin im Wert auf weniger als drei Pfund. Dadurch war das Interesse der *lanaioli* berührt, denn sie bezahlten ihre Arbeiter mit *piccioli* und verkauften ihre Tuche für Florin. Da sie in der Stadt mächtig waren, ließen sie eine neue Silberwährung und neue Pfennige schlagen. Sie verschlechterten die eine wie die andere Währung . . ., damit der Florin im Wert stieg und nicht fiel.«[62]

Darüberhinaus bereicherte sich der *popolo grasso* auch dadurch, daß er die Einführung einer direkten Steuer, die vor allem die Wohlhabenden getroffen hätte, hintertrieb. Stattdessen wurden ständig neue Staatsanleihen aufgelegt, die den reichen Florentinern, die natürlich die Leihgeber waren, fette Gewinne einbrachten. Die Verbrauchssteuern dagegen, die im Ergebnis unsozial waren, da sie jeden gleich stark belasteten, wurden immer wieder kräftig erhöht. Nicht nur die gerechtere Verwaltung der Verbrauchssteuern war denn auch eine der Hauptforderungen der Ciompi. Bereits im Oktober 1378 wurde auch eine neue, direkte Steuer beschlossen und wenig später fixierte man per Dekret den Kurs des Florin. Eine im Oktober 1380 eingebrachte Gesetzesvorlage, die die Prioren verpflichten sollte, jährlich eine bestimmte Summe Kleingeldes aufzukaufen und einzuschmelzen, stieß auf Widerstand bei den sympathisierenden Großbürgern und erreichte nur sehr knapp die erforderliche Zweidrittelmehrheit im *Consiglio del Popolo* (167 gegen 82 Stimmen[63]). Ein Anstieg des Realwertes der Löhne wäre die Folge gewesen. Der sonst auf Seiten der Aufständischen stehende Bankier Benedetto degli Alberti setzte sich für einen Zusatz ein, daß das Gesetz nur in Anwendung kommen sollte, wenn der Florin wieder im Wert steigen würde, was auch beschlossen wurde. Auf diese Weise wurde das Gesetz seiner praktischen Wirkung weitgehend beraubt. Dennoch sahen die Zeitgenossen in dem Beschluß einen Erfolg der Handwerker, den sie »wegen ihrer zahlenmäßigen Stärke« errungen hätten[64]. Stefani gibt in seiner Chronik den Inhalt des Gesetzes wieder und fügt hinzu:

»Dies war der Wille der Mitglieder der *arti minori,* die mit Silbermünze bezahlt wurden. Die Produkte wurden für Florin verkauft, aber die Manufakturen entlohnten in silberner Münze; so erreichte man für die Produkte einen sehr hohen Wert. Dies nützte besonders den *lanaioli* und denen, die ihr Einkommen aus Renten bezogen.«[65]

In Siena unternahmen die Handwerker sogar den noch radikaleren Versuch, den Florin ganz aus dem lokalen Markt hinauszudrängen[66]. Aber auch die ihres Stachels beraubte Vorschrift in Florenz wurde nach dem Sturz des Handwerkerregiments unverzüglich annulliert. Doch wir sind den Ereignissen vorausgeeilt. Festzuhalten bleibt, wie ungeheuer weit die Geldwirtschaft bereits fortgeschritten war und wie geschickt und konsequent die Unternehmer die sich anbahnenden gesellschaftlichen Beziehungen zu ihren Gunsten zu wenden wußten.

Florenz führt Krieg gegen den Papst

Das Interesse der wohlhabenden Oberschicht an einer Politik des *deficit spending* ist bereits deutlich geworden. Die gleichen Leute waren es, die gerne Krieg führten bzw. Krieg führen ließen. Nur sie hatten etwas zu gewinnen und nur sie profitierten von den enormen Summen, die diese militärischen Unternehmungen verschlangen. Spätestens seit dem großen Krieg gegen Pisa (1362-64) war das Defizit ein nicht mehr wegzudenkender Bestandteil des öffentlichen Finanzsektors der Stadt Florenz. Gleichzeitig wandelte man systematisch kurzfristige Darlehen in langfristige Schuldverschreibungen um. Ende des 14. Jahrhunderts hatte fast jeder reiche Florentiner einen Großteil seines Vermögens in diesen Finanzsektor investiert:

»Immer mehr wurde der private Reichtum in Florenz durch die wachsende Verschuldung der Stadt aufgebläht.«[67]

Schon in den 1340er Jahren war eine eigene Institution zur Verwaltung der städtischen Schuldverschreibungen, der »Monte«, gegründet worden. Im Juli 1378 präsentierten die Ciompi der *Signoria* zwei Petitionen, die die Stadt verpflichten sollten, alle Anleihen binnen zwölf Jahren zu tilgen und in der Zwischenzeit den Zinssatz von 15 % auf 5 % jährlich zu reduzieren. Während das erste Ansinnen gar nicht erst ernsthaft in Erwägung gezogen wurde, wurden die von der Stadt ausbezahlten Zinsen in den folgenden vier Jahren tatsächlich auf jeweils 5 % beschränkt[68].

Noch teurer als der Krieg mit Pisa, der etwa 2.000.000 Florin verschlungen hatte, wurde allerdings der Krieg, den Florenz im folgenden Jahrzehnt mit dem Papst führte. Er kostete gut und gern seine 3.000.000 Florin[69]. Wie konnte es zu einem Krieg mit dem Papst kommen? Florenz war immer eine Hochburg der Guelfen gewesen. Noch dazu hatten ökonomische Bande beide Mächte verbunden. Die florentiner Bankhäuser waren die bevorzugten Agenten der finanziellen Transaktionen des Papstes gewesen. Insbesondere beim Eintreiben der diversen Abgaben, die an den Heiligen Stuhl in Rom zu entrichten waren, waren sie unentbehrlich. Im Jahre 1372 erhielt die Gesellschaft der Alberti Antichi praktisch das Monopol für die Geldgeschäfte der Kurie. Die Alberti Antichi waren eines der beiden Bankhäuser, in die sich die Bank der Alberti im Verlauf der Bankenkrise gespalten hatte. In der zweiten Hälfte des 14. Jahrhunderts waren die beiden neuen Konsortien »mehr oder weniger die reichsten und mächtigsten Handelsgesellschaften in Florenz«[70]. Ein jähes vorläufiges Ende fanden diese so einträglichen Geschäftsverbindungen zwischen der Stadt am Arno und dem Heiligen Vater, als die florentiner *Signoria* sich 1375 für ein Bündnis mit Bernabò Visconti entschied und sich damit offiziell von der päpstlichen Kurie trennte.

Die Visconti hatten im 13. Jahrhundert als Führer der Ghibellinen einen großen Sieg über die Parteigänger des Papstes errungen und hatten seitdem die Herrschaft über Mailand inne. Schon zuvor hatte es (wieder einmal) Querelen wegen des päpstlichen Inquisitionsbüros in Florenz gegeben. Schätzten die Florentiner den Papst als Kunden ihrer Banken, so waren sie doch peinlich auf ihre städtische Autonomie bedacht und widersetzten sich jedem Versuch, von außen in die Angelegenheiten der Stadt hineinzuregieren.

So hatte z.B. die *Signoria,* als einige verschuldete geistliche Würdenträger den Inquisitor angestiftet hatten, gegen ihre Gläubiger wegen Wuchers zu ermitteln, diese Fälle sofort in die Zuständigkeit städtischer Gerichte überwiesen. Diese bequeme Art der Schuldentilgung konnte in einer Stadt, der kaufmännisches Gewinnstreben oberste Maxime war, nicht geduldet werden. Hinzu kam, daß seit der Rückkehr Urbans V. (Papst 1362-70) aus dem avignonesischen Exil nach Rom der Kirchenstaat bedrohlich nach Norden expandierte. Gleichzeitig gaben in Florenz Männer den Ton an, die vielfach aus der *gente nuova* stammten und eher als ihre Vorgänger geneigt waren, die traditionelle Allianz mit dem Papst aufs Spiel zu setzen. Erschwerend kam hinzu, daß der Papst in den von ihm unterworfenen Städten die alten feudalen Kräfte förderte und so allmählich zum »Stadtfeind Nummer eins« wurde.

Als 1374 eine schwere Hungersnot Florenz heimsuchte, untersagte der Papst den Abgesandten der Stadt, innerhalb des Kirchenstaates Getreide aufzukaufen, was die Zahl seiner Anhänger unter den Florentinern nicht gerade vermehrte. Im Juni des folgenden Jahres kam es dann zu den ersten kriegerischen Auseinandersetzungen. Die englische Söldnertruppe des John Hawkwood, die der Papst für seinen Krieg gegen Mailand engagiert hatte, war nach dessen Ende brotlos und zog nun plündernd und marodierend durch florentinische Lande. Um sich Hawkwood vom Halse zu schaffen, bedurfte es mehrerer Lösegeldzahlungen. Die Florentiner sahen im Papst den Verantwortlichen für die ganze Angelegenheit, zumal das Gerücht ging, Hawkwood stünde noch immer in päpstlichem Sold. Sie wollten sich deshalb am einheimischen Klerus schadlos halten und wählten zur Eintreibung der Gelder eine Kommission, deren Funktion schon in ihrem Namen deutlich wird: »Otto dei preti«, die Acht der Priester. Diese Acht hatten kirchliches Eigentum zu besteuern und zu konfiszieren. Schon bald waren sie so populär, daß sie »Otto Santi«, die Acht Heiligen, genannt wurden. Daher hat auch der Krieg mit dem Papst – fälschlicherweise – seinen Namen »Krieg der Acht Heiligen«. Denn die florentinische Kriegsführung oblag einer anderen, etwas später gewählten Kommission, den »Otto della guerra«, den Acht des Krieges. Doch schon die Zeitgenossen verwechselten beide Gremien und mit Hilfe einiger etwas schlampiger Historiker geistert dieser Irrtum noch heute durch die Literatur[71].

Der Krieg verschärfte auch die Gegensätze innerhalb der Stadt. Die Abwehr des Feindes in den eigenen Mauern, der durch den mächtigen Palast der *Parte Guelfa* weithin sichtbar repräsentiert war, erforderte nun ganz entschiedene Maßnahmen, während man sonst in Florenz dem Kompromiß zuneigte. Noch im Jahr 1375 wurde mit sehr großen Mehrheiten ein Gesetz verabschiedet, in dessen Präambel es heißt:

»Die Bischofssitze von Florenz und Fiesole sind zur Zeit von florentiner Bürgern besetzt. . . . Erfüllt von Macht und Stolz begehen Mitglieder der bischöflichen Familien häufig Verbrechen gegen die Bevölkerung der Stadt unter dem Deckmantel der Gerechtigkeit und machen sich Erpressungen schuldig.«[72]

Für den Fall, daß sich in Zukunft wieder ein Florentiner auf einen dieser beiden Bischofssitze berufen lassen würde, wurde festgelegt, daß seine Familie in den Adelsrang strafversetzt werden würde, wodurch sie alle politischen Wirkungsmöglichkeiten verloren hätte. Familien, die bereits vorher zu den Magnaten gehört hatten, sollten zu Rebellen erklärt werden, wodurch sie ihren ganzen Besitz verlieren würden. Diese Gesetzesinitiative war ein Akt der Selbstbehauptung der *homines novi,* die die Signoria trugen:

»Die Maßnahme war ein nach zwei Seiten gerichteter Angriff der Volkskräfte gegen ihre internen Widersacher: die Kirche und die Oligarchie. Ihre Verbreitung unterstützt die Schlußfolgerung, daß der Krieg nicht nur als Antwort auf eine militärische oder diplomatische Bedrohung begonnen wurde, sondern auch zur Lösung einer inneren Krise.«[73]

Die *Signoria* konnte sich dabei der Unterstützung der großen Mehrheit, vor allem des Mittelstandes, sicher sein. Ein gutes Beispiel für die Stimmung in der Stadt ist ein Brief, den im November 1375 Gherardino Gherardini an einen Geschäftsfreund in Brügge schrieb[74]. Optimistisch schreibt Gherardino einleitend:

»Ich sage Dir, daß geschweige denn, daß diese Sache zwei Jahre dauern wird, sie kaum ein Jahr in Anspruch nehmen wird, und daß wir die Sieger dieses Krieges sein werden oder man uns Frieden gewähren wird.«[75]

Dann berichtet Gherardino seinem Freund Tommaso von den enormen Summen, die zur Führung des Krieges aufgebracht werden mußten. Diese Gelder brauchte die Stadt

»um unsere Freiheit gegen diese betrügerischen Priester der Heiligen Kirche zu verteidigen. Denn ihre Herrschaft wäre eine zu grausame Tyrannei, als daß nicht ein jeder in dieser Stadt erst seine Habe und dann sich selbst hingeben müßte, um seine Freiheit zu verteidigen und nicht in ihre Hände zu fallen.«[76]

Zur Abschreckung schildert Gherardino sodann die Zustände in den vom Papst unterworfenen Städten und fügt hinzu, »die Florentiner sind nicht bereit, solches zu erleiden«[77]. Während sich in der damaligen Zeit Kriege häufig auf diplomatisch oder finanziell motivierte Manöver beschränkten, unter denen hauptsächlich die von den Söldnerheeren heimgesuchten Landbewohner zu leiden hatten, war es dem Papst gelungen, die Florentiner wirklich gegen sich aufzubringen. Das besonders ungeliebte Inquisitionsbüro war als erstes in Flammen aufgegangen und die Tätigkeit der päpstlichen Behörden wurde in der gesamten Republik verboten. Dagegen setzte der Papst das Interdikt, wodurch er den gesamten florentinischen Besitz innerhalb seines Herrschaftsbereiches an sich bringen konnte. Im Gegenzug verbot die Stadt Florenz ihren Bürgern, in Rom und Avignon Handel zu treiben.

Die ökonomischen Auswirkungen auf die florentinische Textilindustrie hielten sich zunächst in Grenzen, da eigentlich nur die Engländer das Interdikt wirklich befolgten. Die meisten Handelspartner dagegen, vor allem die osteuropäischen Länder und die italienischen Stadtstaaten, suchten den florentinischen Handel zu schützen, da das auch in ihrem Interesse lag und sie ohnehin keine besonderen Freunde des Papstes waren. So vermochten die florentiner Unternehmer nach wie vor ihre Tuche an den Mann zu bringen, ihre Banken freilich waren vom Krieg weit stärker betroffen. Die finanziellen Schwierigkeiten wiederum hatten eine Druck auf die Löhne zur Folge. Schon im Laufe des Jahres 1376 zeichnete sich ab, daß der Sieg über den Papst keineswegs so einfach sein würde, wie man zunächst gedacht hatte. Ende des Jahres schlug Salvestro de' Medici vor:

»Die Bischöfe von Florenz und Fiesole und alle Prälaten der Stadt sollten zum Papst geschickt werden, um sicherzustellen, daß er den Krieg beendet. Wenn er es nicht tut, soll das g e s a m t e Kirchenvermögen eingezogen und Krieg auf ihre Kosten geführt werden.«[78]

Dieser Vorschlag war natürlich unrealistisch, zeigt aber, in welch schwierige Lage die Stadt geraten war. Im Laufe des Winters 1376/77 wuchs die Opposition gegen den

Krieg. Diese Friedenspartei wurde geführt von den Guelfen, die langsam wieder Oberwasser bekamen. Ihnen schlossen sich aber auch Adelige an, Unternehmer, die Verluste erlitten hatten, Kleriker und religiöse Reformgruppen. Gleichzeitig hintertrieben die Guelfen aber die im kommenden Jahr beginnenden Friedensverhandlungen, um ihre noch immer die Stadt beherrschenden Gegner durch ungünstige Friedensbedingungen zu diskreditieren. Die Friedensverhandlungen erhielten dann durch den Tod Gregors XI. vorübergehend Auftrieb, gerieten aber bald erneut ins Stocken und zogen sich bis zum Sommer hin.

Während des Jahres 1377 verharrten beide Seiten in Intransingenz. Im Oktober wurden die Verhandlungen unterbrochen. Die *Signoria* beschloß, das Interdikt nicht länger zu beachten, und ließ die Kirchen öffnen. Noch einmal gelang es ihr, mithilfe antipäpstlicher Ressentiments die Öffentlichkeit zu ihrer Unterstützung zu mobilisieren. Doch zur Jahreswende sah die Reaktion ihre Stunde gekommen und es folgte eine Periode, die in der historischen Literatur als »guelfischer Terror« bezeichnet wird.

Florenz, Fresko von 1352

Die Parte Guelfa

Der allgemeinpolitische Anspruch der *Parte Guelfa* zeigt sich schon in ihrer Organisationsstruktur, die der florentiner Stadtverfassung nachgebildet war. Hatte der Gegensatz zwischen Ghibellinen und Guelfen zunächst einen realen Bezug gehabt, so war die Auseinandersetzung doch längst zugunsten der letzeren entschieden. Die guelfische Gesinnung, zunächst Ausdruck städtischen Selbstbehauptungswillens gegen kaiserliche Machtansprüche, war längst ein Versatzstück politischer Rhetorik bzw. Demagogie geworden:

> »Wenn die *Parte* dennoch weiterhin als Verfechterin guelfischer Ideale auftrat, so repräsentierte sie dabei im Grunde lediglich die Interessen konservativer (und reaktionärer) Gruppen der florentiner Gesellschaft, vor allem der Magnaten, die auch den Hauptteil der Mitglieder stellten.«[79]

Die *Parte Guelfa* war die organisatorische Repräsentanz oligarchischer Abgrenzungsbestrebungen gegenüber dem aufstrebenden Mittelstand, insbesondere der *gente nuova*. In den Jahren des Krieges mit dem Papst war es diesen Kräften erstmals gelungen, die guelfisch gesinnte Oligarchie in die Defensive zu drängen. Junge, politisch in der Opposition stehende Großkapitalisten wie Benedetto degli Alberti, Tommaso Strozzi und Salvestro de' Medici scharten sich um die Kriegskommission[80]. Sie alle treffen wir 1378 wieder – agierend auf der Seite der Aufständischen. Gegen Männer wie diese suchte die alte Oligarchie mit allen Mitteln ihre privilegierte Position zu verteidigen. Wer das Bürgerrecht in der Stadt erwerben wollte, mußte zuerst seine Gesinnungstreue gegenüber dem florentinischen Guelfismus unter Beweis zu stellen. Die *Parte* führte über jedermann genaue Akten, die Angaben über den juristischen Status, regionale Verbindungen und die politische Zuverlässigkeit des Betreffenden und seiner Familie enthielten[81]. Ohne das Placet der guelfischen Parteikonsuln war eine politische Karriere in Florenz nicht möglich. Gegen unliebsame Widersacher, die politisch bereits etabliert waren, wußte die *Parte* ebenfalls vorzugehen: mit Proskriptionen. Wer durch Mehrheitsbeschluß der zuständigen Gremien unguelfischer Gesinnung als überführt galt, ging automatisch aller politischen Rechte verlustig. Nachdem eine päpstliche Friedensinitiative den Guelfen nicht den erhofften Erfolg beschert hatte (selbst das Eingreifen der Heiligen Katharina von Siena erwies sich als fruchtlos), bediente sich die *Parte* im Winter 1377/78 in noch nie dagewesenem Umfang dieser Proskriptionsmaschinerie. Allein im Januar 1378 wurden 23 Bürger proskribiert, von denen nicht weniger als zwölf *homines novi* aus der *Arte della Lana* waren[82]. Insgesamt fielen fast 100 Personen diesem »guelfischen Terror« zum Opfer. Selbst an amtierenden Amtsträgern vergriff man sich, so an einem Mitglied der Kriegskommission, was allen Verfassungstraditionen widersprach. Im Mai 1378 rebellierte der gemäßigte Flügel der *Parte Guelfa* und es wurde eine Statutenänderung des Inhalts beschlossen, daß dem 24köpfigen Rat Proskriptionsanträge nur noch dreimal vorgelegt werden durften. Doch wenige Wochen später hatten die Extremen bereits wieder die Oberhand und setzten sich rücksichtslos über diese Bestimmung hinweg:

»Es war zur Zeit des Priorats, dem Salvestro de' Medici als *Gonfaloniere di Giustizia* angehörte, dem die Proskriptionen sehr mißfielen. . . . Am Tag, als die Konsuln den Gerber Giraldo Giraldi und Francesco de' Salti aus Monte Ficalle zur Abstimmung stellten, zogen abends um drei Uhr die Vierundzwanzig die Stimmkarten, aber in dreimaliger Abstimmung fand sich keine Mehrheit. Ghino Anselmi sagte, daß es keine gute Sache sei, die im gerade vergangenen Monat erlassenen Verordnungen zu übertreten. Er ging weg und dachte bei sich, daß die anderen damit nicht zufrieden sein würden. Unmittelbar darauf wurde wieder und wieder abgestimmt, aber es fand sich keine Mehrheit, und schon war es Mitternacht. Als gerade ein weiterer Konsul gehen wollte, erhob sich Bettino da Ricasoli, der der Antragsteller war, ergriff die Schlüssel und sagte folgendes: ›Gott zum Trotz wird niemand den Raum verlassen, wenn sich keine Mehrheit für die Proskription dieser Leute findet‹. Er schloß den Ausgang mit dem Schlüssel ab, setzte sich, ließ weitere Abstimmungen durchführen, es fand sich eine Mehrheit, und die genannten Giraldo und Francesco wurden proskribiert. Man sagte, daß 23mal abgestimmt worden sei. Diese Angelegenheit erregte bei anständigen Menschen und rechtschaffenen Kaufleuten und Handwerkern solche Abscheu, daß jeder, der nicht redete wie die von dieser verdammten Sekte, verdächtig war, und wer guelfisch war, wurde ein schlechter Guelfe genannt, und so erwartete jeder, verdächtig zu sein und wegen des Verdachtes proskribiert zu werden.«[83]

Doch die im wesentlichen von klerikalen und feudalen Kräften getragene Reaktion hatte den Bogen überspannt. Wenige Tage später schlug das vorwärtsstrebende Kapital, angeführt von Salvestro de' Medici, zurück, und die erste Phase des Ciompiaufstandes war da. Doch was bewog die Wollarbeiter dazu, sich zum Fußvolk dieses Gegenangriffes machen zu lassen?

Die Ciompi waren sicher noch weniger als sonst jemand in Florenz spezielle Freunde des Papstes und seiner politischen Bestrebungen, aber in erster Linie hatten sie sich doch an ökonomischen Fakten zu orientieren. Die Ciompi hatten die Hauptlast des Krieges zu tragen gehabt. Lohnkürzungen, Verschlechterungen der Silberwährung und Entlassungen hatten auch und zuerst sie getroffen. Zudem vermehrte noch das Ende des Krieges die Menge der Arbeitslosen. Zuvor schon hatte der Krieg zu wachsendem Steuerdruck und zu Schwierigkeiten auf dem finanziellen Sektor geführt.

Über den Zusammenhang zwischen der ökonomischen Entwicklung und dem Ciompiaufstand besteht bei den Gelehrten keine Einigkeit. Umstritten ist, ob das Interdikt trotz weitgehender Nichtbeachtung doch sehr spürbare negative Auswirkungen auf die Tuchindustrie hatte[84], oder ob die schlechteste Zeit nicht vielmehr schon Anfang der 1370er Jahre war[85]. Neuerdings wissen wir auch, daß 1377/78 sich die Lage gegenüber 1375/76 bereits leicht gebessert hatte[86]. Daraus kann aber m.E. keineswegs abgeleitet werden, daß der Ciompiaufstand ökonomisch unmotiviert war. Die Lage der Wollarbeiter war ganz generell die denkbar schlechteste und das ganze Jahrhundert ist erfüllt von Versuchen der Arbeiter, ihren Forderungen nach Selbstorganisation, besseren Löhnen, einem gerechteren Steuersystem, besserer Verwaltung der öffentlichen Finanzen usw. Gehör zu verschaffen. Auch die Petitionen aus der Zeit des Aufstandes von 1378 sprechen hier eine deutliche Sprache. Und der Umstand, daß der Anstoß zum Ciompiaufstand nicht aus den Reihen der Arbeiter kam, sollte uns nicht übersehen lassen, daß sie sich – so gut sie es vermochten – sehr wohl selbständig und aktiv für ihre Interessen einsetzten. Ob nun der Krieg mit dem Papst mehr durch seine ökonomischen oder mehr durch seine politischen Implikationen den Aufstand mitauslösen half, ist dabei eine Frage von untergeordneter Bedeutung.

Wollwäscherin, 13. Jahrhundert,
Fenster der Kathedrale von Chartres

Salvestro de' Medici –
Bankier und Freund des Volkes

Die Familie der Medici, die später – nicht zuletzt durch
ihre blutrünstigste Vertreterin Katharina de' Medici (Köni-
gin von Frankreich) – zu denkwürdigem Ruhm gelangte,
ist in Florenz seit dem Ende des 13. Jahrhunderts urkund-
lich nachweisbar: 1296 brachte es Ardingo di Buonaggiunta
de' Medici zum *Gonfaloniere di Giustizia*[87]. Bereits damals
gehörten zwei Mitglieder der Familie der *Arte del Cambio*,
der Bankierszunft, an[88]. Bis 1343 war die Familie 28mal
in der *Signoria* vertreten; 32 Medici waren im Besitz von
Staatsanleihen, die insgesamt einen Wert von fast 3000
Florin repräsentierten[89]. Salvestros Bruder Vieri di Cambio
de' Medici bezahlte 1378 73 Florin an Steuern und stand
damit unter den Steuerzahlern der Stadt an sechzehnter
Stelle. Noch wichtiger für die wirtschaftliche Fortüne der
Familie war ein Sproß ihres anderen Zweiges, Giovanni
di Bicci de' Medici. Er leitete bis 1397 eine Bank in Rom,
die eine Tochtergesellschaft von Vieris Bankhaus war[90]. In
jener Zeit gewann Giovanni für seine Bank Baldassare
Cossa als Klienten. Später erwies sich, daß er auf den
richtigen Mann gesetzt hatte: 1402 wurde Cossa Kardinal
und 1410 wurde er zum Papst gewählt. Damit war der
Grundstein für den Aufstieg der Medici-Bank gelegt[91].
Die größte Bank überhaupt wurde sie unter Giovannis
Sohn Cosimo il Vecchio de' Medici, dem es auch gelang,
die Stadt Florenz zu einer Pfründe seiner Familie zu de-
formieren. Doch soweit sind wir noch nicht.
Auch im 14. Jahrhundert brachten es zwar einige der
Medici schon zu ansehnlichem Reichtum, aber die Mehrheit der Familie lebte in zwar auskömmlichen, aber doch
eher moderaten Verhältnissen. Nur in einem Punkt hielten sie den absoluten Rekord in der Stadt, das war die
Mißachtung der allgemeinen Gesetze, ein Verhalten, auf
das sonst eher Adelige sich viel zugute hielten. Allein

zwischen 1343 und 1360 wurden fünf Medici wegen Kapitalverbrechen zum Tode verurteilt[92]. So überrascht es nicht, daß die Medici ihre Erfolge bei Wahlen zu den öffentlichen Ämtern »mehr ihrer großen Zahl als ihrer Fähigkeit, öffentliche Unterstützung zu gewinnen, verdankten«[93]. Der erste aber, dem eine wirkliche politische Karriere gelang, war Salvestro de' Medici (1316-1388). 1358 wurde er Prior, 1360 übernahm er das Amt des *Capitano* in der florentinischen Stadt Pistoia und 1370 wurde er erstmals *Gonfaloniere di Giustizia,* eine Position, die immer sehr großes Prestige mit sich brachte. In jenen Jahren wurde Salvestro einer der wichtigsten Köpfe der gegen die Guelfen sich richtenden Opposition, was die Familie der Medici freilich nicht hinderte, auch in der *Parte Guelfa* ihre Vertreter zu haben.

Bei vielen Gelegenheiten hatte sich Salvestro zum Sprecher der antiklerikalen Opposition gemacht[94]. Als er 1378 erneut zum *Gonfaloniere di Giustizia* gewählt wurde, unternahm die guelfische Reaktion deshalb das Äußerste, um seinen Amtsantritt zu verhindern, war allerdings nicht erfolgreich. Diese Auseinandersetzungen ließen andererseits Salvestro eine weit größere Unterstützung zukommen, als er normalerweise gehabt hätte:

»Das Volk konnte angesichts dieser Umstände nicht anders, als Salvestro für einen aufrichtigen Freund der demokratischen Sache zu halten. . . . In diesem Moment vertraute die ganze Bevölkerung von Florenz, soweit sie nicht der Fraktion der *Parte* angehörte, auf ihn wie auf einen Führer, der sie zu einem sicheren Sieg führen mußte.«[95]

Was hier zum Tragen kam, war ein Bündnis zwischen handelskapitalistischem Bürgertum und dem »Volk«, der großen Mehrheit der Recht- und Besitzlosen. Die gleichen Kräfte hatten auch die Abwendung von einer bedingungslos propäpstlichen Politik getragen. Diese veränderte soziale Orientierung war den Zeitgenossen nicht entgangen; der Humanist Leonardo Bruni beispielsweise findet recht kritische Worte für die Kriegskommission. Das neunte Buch seiner Geschichte der Stadt Florenz beginnt mit den Worten:

»Die acht Männer, die zu Anfang mit allgemeiner Vollmacht

zur Führung des Krieges gewählt worden waren, . . . schienen sich mehr und mehr dem niederen Volke zuzuneigen. . . . Das Volk andererseits und auch ein Teil der Bürger war den acht Männern gewogen, deren Taten es mit unglaublicher Gunst begleitete.«[96]

Ein innerstädtischer Machtkampf also mit einer relativ klaren sozialen Konstellation. Das Proletariat war noch zu schwach, die Führung zu übernehmen, spielte aber – wie sich noch zeigen wird – doch eine relativ selbständige Rolle. Die Stunde der ersten gewaltsamen Auseinandersetzungen war nicht mehr fern. Als sich am 14. Juni endgültig der extreme Flügel innerhalb der *Parte Guelfa* durchsetzte, sah Salvestro sich veranlaßt, die verbleibenden Tage seiner zweimonatigen Amtszeit zu entschiedenen Gegenmaßnahmen zu nutzen. Die letzten beiden Wochen war er Vorsitzender der *Signoria* mit Antragsrecht; am 18. Juni legte er eine Petition vor, deren Annahme einschneidende Folgen gehabt hätte. Von den acht Prioren gehörten fünf der in Opposition zu Salvestro stehenden Oligarchie an. Sie waren zunächst nicht bereit, die Petition an den *Consiglio del Popolo* weiterzuleiten, dessen Mitglieder in der Zwischenzeit schon im Palazzo Vecchio zusammenströmten.

Gefordert hatte Salvestro etwas, was auf den ersten Blick wenig Aufregung zu verheißen schien, nämlich die Einhaltung der 1293 beschlossenen *Ordinamenti della Giustizia*. Doch wußten die Guelfen nur zu gut, daß dieser Versuch, alten Verfassungsgrundsätzen neue Geltung zu verschaffen, sich gegen sie richtete; hieß es doch schon in der Präambel, die vorgeschlagenen Maßnahmen seien notwendig, »um der ungezügelten Macht der Magnaten entgegenzutreten«[97]. Im selben Text sagt Salvestro auch ganz deutlich, für wen zu sprechen er beanspruchte,

»für die Partei der demokratischen Kaufleute und Handwerker der Stadt Florenz, gewiß auch für die Armen und Schwachen aller Viertel und Bezirke der Stadt und für jeden, der in Ruhe und für seine Arbeit und Habe leben will.«[98]

Als Salvestro sah, daß er sich in der *Signoria* nicht durchsetzen würde, suchte er sein Heil in der offenen Konfrontation. Dieser Entschluß fiel ihm umso leichter, als er sich breiter Unterstützung in der Bevölkerung ziemlich sicher sein konnte. Salvestro zögerte deshalb nicht, in den Tagungssaal hinunterzugehen, und gab dort mit dramatischen Worten seinen Rücktritt bekannt:

»Weise Männer des Rats, ich wollte heute diese Stadt von den Übeln der Tyrannei der Adeligen und Besitzenden befreien. Aber man hat mich dies nicht tun lassen, weil meine Kollegen mit mir nicht übereingestimmt haben. Man hat mir nicht geglaubt, daß dies gut sei für eine gute Verfassung der Bürger und unserer ganzen Stadt, noch hat man mir als *Gonfaloniere di Giustizia* Gehör geschenkt. Und da man mir bei der Verwirklichung guter Vorschläge nicht gefolgt ist, habe ich beschlossen, nicht länger Prior zu sein, und auch nicht *Gonfaloniere di Giustizia*. Deswegen will ich jetzt nach Hause gehen; wählt einen anderen *Gonfaloniere* an meiner Stelle und tut es mit Gott.«[99]

Salvestros Rede tat die erhoffte Wirkung:

»Wegen dieser Rede erhoben sich alle Mitglieder des *Consiglio,* der Versammlungsraum war von Lärm erfüllt, und man sah, daß der *Gonfaloniere* den Saal verlassen hatte und die Treppe hinunterging. Dort hielten ihn einige zurück, ließen ihn nicht gehen und holten ihn wieder herein. Im Saal begann ein starker Lärm, und ein Schuhmacher mit Namen Benedetto da Carlone packte Carlo degli Strozzi und sagte: »Carlo, Carlo, die Dinge werden sich ganz anders entwickeln, als Du denkst, eure Mehrheit muß unbedingt verschwinden.« Carlo, weise wie er war, antwortete ihm nicht. Währenddessen begab sich Benedetto degli Alberti, der damals dem *Consiglio* angehörte, ans Fenster und begann zu schreien ›Es lebe das Volk‹. Und den Leuten draußen auf dem Platz rief er zu: »Schreit alle ›Es lebe das Volk‹.« Ohne Verzug erhob sich ein Lärmen in der ganzen Stadt und die Geschäfte wurden geschlossen. Nach wenigen Minuten hatte sich die Aufregung im Palast wieder gelegt, aber ungeachtet dessen begann das Volk, sich zu bewaffnen.
Am selben Tag hatten die Konsuln der *Parte Guelfa* in ihrem Palast viele Bürger versammelt, dreihundert oder mehr, Adelige ebenso wie Demokraten und Guelfen hatte man gebeten. Dies geschah, weil man wußte, was sich im Palazzo Vecchio gegen den Adel zusammenbraute. Und so verhielten sie sich sofort völlig ruhig, als das Lärmen den Palast erreicht hatte, lediglich kamen einige heraus und erkundigten sich, was der Grund der Unruhe sei. Als sie erfuhren, der *Consiglio* habe beschlossen, daß die Adeligen wieder dem *Ordinamenti della Giustizia* unterworfen seien, aber nur für ein Jahr, ging ein jeder nach Hause und blieb dort wachsamen Auges und mit gespitzten Ohren, gespannt, wie es

weitergehen würde. Und die Nacht verbrachte jeder Bürger in der Stadt mit Wachen in ernster Sorge um das Land.«[100]

In solch rührender Sorge um das Wohlergehen des Gemeinwesens sah man die Herren von Stand nicht immer.

Am folgenden Tag wurde Salvestros Vorlage auch von dem anderen Rat der Stadt, dem *Consiglio del Comune,* angenommen. Die Geschäfte blieben weiterhin geschlossen und des Nachts wurden überall in der Stadt Wachen aufgestellt. Das Wochenende (20./21. Juni 1378) brachten die Zünfte damit zu, ihre Mitglieder zu versammeln und Delegierte als Sprecher zu wählen. Diese Delegierten begaben sich am 22. Juni in den Palazzo Vecchio, um zusammen mit den Mitgliedern der Räte »gewisse Dinge in Ordnung zu bringen«[101]. Doch die Räte entschlossen sich nur zu einigen Maßnahmen, mit denen nichts Entscheidendes zu erreichen war. Daraufhin gingen Salvestro de' Medici und seine Anhänger noch einen Schritt weiter in der Eskalation der Auseinandersetzung. Die Mitglieder der Zünfte begannen, sich zu bewaffnen, versammelten sich in ihren Werkstätten und stellten ihre Banner auf. Sodann zogen sie – angeführt von der Zunft der Pelzmacher, die die kleinste der *arti maggiori* war – durch die Stadt und brannten die Anwesen von Lapo da Castiglioncho, Carlo degli Strozzi und einigen anderen führenden Guelfen nieder. Schließlich stürmten sie das Gefängnis und ließen alle Gefangenen frei.

Ob die Handwerker und Zunftarbeiter sich »von sich aus zusammengerottet«[102] hatten, wie einige sagten, oder, ob sie Weisung erhalten hatten, wie wieder andere behaupteten, ist nach Stefanis Meinung nicht mit Sicherheit zu entscheiden. Doch wäre es für ihn ein ganz unwahrscheinlicher Zufall, wenn ohne jede Anleitung nur die genannten guelfischen Häuser zerstört, verbrannt und geplündert worden wären[103]. Für Acciaioli dagegen ist völlig klar, daß all dies »auf Anordnung einiger Bürger«[104] geschehen ist, womit zweifellos Salvestro und seine Freunde gemeint sind. Als die im Palazzo Vecchio versammelten Prioren von den Vorgängen erfuhren, ließen sie sofort die Räte zusammenrufen. Unter dem Eindruck der schon wieder vor dem Palast zusammenströmenden und »Es lebe das Volk« rufenden Menge wurde sehr schnell und fast einstimmig beschlossen, eine 81köpfige Komission mit außerordentlichen Vollmachten einzusetzen, der auch die Delegierten der Zünfte angehörten.

Zur Lösung anstehender Probleme erstmal eine Kommission einzusetzen, war in Florenz sehr beliebt. Die Kommission der Einundachtzig hatte die Aufgabe, die arg ramponierte republikanische Verfassung wieder auf Hochglanz zu polieren. Ihr Auftrag war bis zum 30. Juni befristet. In diesen acht Tagen kam es darauf an, eine Gratwanderung zwischen dem verzweifelten Widerstand der in die Defensive geratenen Oligarchie und den Forderungen der im Moment stark mobilisierten Handwerker zustande zu bringen. Schon einen Tag nach ihrer Einsetzung faßte die Kommission eine Reihe von einschneidenden Entschlüssen, die sich vor allem gegen die Magnaten richteten. Die *Ordinamenti* wurden wieder in verschärfter Form zur Geltung gebracht, politische Ämter wurden den Magnaten entzogen und viele Guelfen wurden entweder zu Rebellen erklärt oder in den Adelsstand strafversetzt. Der Schuster Benedetto da Carlone, der sich durch sein Auftreten im *Consiglio del Popolo* wenige Tage zuvor einen Namen gemacht hatte, erhielt das außerordentliche Recht des Waffentragens verliehen.

Am folgenden Tag wurde eine Reihe von Maßnahmen gegen die Proskription beschlossen. Einer der Erlässe hatte zum Inhalt, daß die Kommission mit Zweidrittelmehrheit Proskriptionsbeschlüsse wieder aufheben konnte. Damit war sie denn auch in den folgenden beiden Tagen beschäftigt. Von 88 Petitionen hatten allerdings nur 54 Erfolg[105]. Unter denen, die scheiterten, waren ironischerweise auch die beiden Männer, deren Proskribierung die ganze Krise ausgelöst hatte. Schließlich beschloß die Kommission eine Amnestie für alle während der letzten Tage begangenen Straftaten, die Bestrafung der schuldigen Führer der *Parte Guelfa* und erlaubte allen Bürgern, Mitglieder der Oligarchie anzuzeigen, die sich Verbrechen gegen die Kommune schuldig gemacht hatten. Ausgenommen von der Amnestie waren lediglich die ursprünglichen Vergehen der befreiten Gefangenen.

Bei den Neuwahlen zu den kommunalen Ämtern am 30.6./1.7. wurde offenbar, wem die Veränderungen der letzten Wochen zugute kamen: der *gente nuova* und in bescheidenem Maße den Handwerkern, nicht aber den Arbeitern, die ihre Köpfe hingehalten hatten. Zusätzlich trugen auch Proskribierte, die nicht rehabilitiert worden waren, dazu bei, daß die Unruhe in der Stadt nicht geringer wurde. Die kleinen Handwerker und die Lohnarbeiter formierten sich erneut, da sie mit dem Erreichten nicht zufrieden sein konnten. Man war auf der Seite der neuen Regierung zwar durchaus bemüht, den offenen Konflikt zu vermeiden, aber die wichtigen Forderungen nach endgültiger Ausschaltung der *Parte Guelfa* und Annullierung sämtlicher Proskriptionen stießen auf taube Ohren. Luigi Guicciardini, der neue *Gonfaloniere di Giustizia* hielt sie für ein Werk der Ghibellinen:

»Etliche Übeltäter, Ghibellinen, Proskribierte und ihre betrügerischen guelfischen Gefolgsleute sowie die Achterkommission, die vorging gegen die guelfischen Bürger und Parteigänger, wollten die Guelfen verbannen und aus der Stadt jagen. Außerdem wollten sie mithilfe unseres Amtes gewisse Verordnungen erlassen, um die Niederlage der *Parte Guelfa* endgültig zu besiegeln. Ich, Luigi, dagegen versteifte mich auf das Gegenteil und trachtete dafür zu sorgen, daß dies nicht geschah.«[106]

Am 9. Juli präsentierten die *arti minori* eine ausgearbeitete Resolution[107]. Bei dieser Petition lassen sich drei Gruppen von Forderungen unterscheiden. Zuerst geht es um die Proskriptionen, die durch verschiedene Maßnahmen (Einspruchsrechte, Instanzenweg usw.) sehr erschwert werden sollen. Zudem sollte den Händen der Guelfen die alleinige Zuständigkeit entwunden und die Regierung beteiligt werden. Der zweite und dritte Teil der Petition hatten zum Ziel, den politischen Einfluß der Zünfte zu stärken – zum einen durch ihre bessere Repräsentation in den bestehenden Gremien, zum anderen durch die Schaffung zusätzlicher Ämter. Zuletzt sollte festgesetzt werden, daß diese neuen Gesetze nur einstimmig (d.h. praktisch überhaupt nicht) wieder geändert werden konnten. Angesichts des Nachdruckes, mit dem die *arti minori* ihre Forderungen vortrugen, blieb den Räten kaum etwas anderes übrig, als die Petition anzunehmen, was dann auch (mit fast drei Vierteln aller Stimmen[108]) geschah:

»Namens der Zünfte und der Handwerker legten die Prioren die Petition den Kollegien vor, die zustimmten. Als der *Consiglio del Popolo* einberufen und versammelt war, wurde ihm der Antrag zur Beratung vorgelegt und sofort aus reiner Furcht verabschiedet. Denn die Handwerker warteten alle bewaffnet in ihren Werkstätten und hatten schon ihre Banner gezeigt, d.h. sie waren bereit, Krawall zu schlagen. Als sie erfuhren, daß der Antrag im *Consiglio del Popolo* durchgegangen war, waren sie sehr zufrieden und ließen von ihrem Vorhaben ab.«[109]

Auch jetzt aber waren keineswegs die Arbeiter und ihre Interessen zum Zuge gekommen, es ging vielmehr um kleinbürgerliche Interessenpolitik. Aber die Stunde der Ciompi rückte näher:

»Die Bewegung entwickelte sich Schritt für Schritt in eine demokratische Richtung. Die Petition zielte nicht darauf ab, die bestehende Ordnung umzustürzen. Die, die sie geschrieben hatten, verhielten sich gegenüber der Anmaßung der Reichen wie der Kühnheit der Ciompi gleichermaßen ablehnend. Sie wollten, innerhalb der traditionellen korporativen Struktur, die bürgerliche Gleichheit zwischen kleinen Ladenbesitzern und Fernhandelskaufleuten, Rentiers und Magnaten vorantreiben.«[110]

Spinnen mit Spinnrad, 14. Jahrhundert

»Die kurze Stunde der Ciompi«[111]

Die Ciompi allerdings kaprizierten sich nicht sosehr darauf, für die Gleichberechtigung zwischen kleinen und großen Ausbeutern zu kämpfen. Ihre Interessen waren anderer Natur, als die vieler Vorarbeiter, Kramladenbesitzer und Winkeladvokaten, die nichts Besseres im Kopf hatten, als es ihren Unterdrückern gleichzutun. Die *arti minori* kämpften immer und vor allem um politische Gleichberechtigung mit den großen Zünften und dem Patriziat. Dabei muß man sich immer wieder klar machen, daß alle diese Gruppen zusammengenommen nur eine Minderheit in der Bevölkerung ausmachten. Ihr gegenüber stand der *popolo minuto*. Als erster hat sich der amerikanische Historiker Gene Brucker um eine wirklich brauchbare und soziologisch fundierte Definition dieses Begriffes bemüht[112]. Er unterscheidet drei Gruppen innerhalb des *popolo minuto:* 1. Alle (meist ungelernten) Arbeiter, die kein Zunftrecht haben. In Florenz ist die homogenste und gleichzeitig weitaus größte Gruppe die der Wollarbeiter. 2. Alle Tagelöhner, Hilfskräfte und Gelegenheitsarbeiter, die den Zünften je nach Bedarf zuarbeiten. Hierher gehören auch besonders arme Handwerker. 3. Diejenigen, »die mit niedrigen Beschäftigungen eine marginale Existenz fristeten«[113], z.B. Sklaven, Knechte, Boten, Hausierer, Fuhrleute, Fischer. Schließlich folgte der »Bodensatz« aus Landstreichern, Bettlern, Prostituierten, Verbrechern usw. Die horizontale Mobilität innerhalb dieser Gesellschaftsschicht war sehr hoch, nach oben aufzusteigen, war dagegen fast unmöglich. In Florenz machte der *popolo minuto* im 14. Jahrhundert fast zwei Drittel aller Haushalte aus[114]. Innerhalb dieser recht- und besitzlosen Masse der Bevölkerung waren die Ciompi nicht nur die homogenste und größte Gruppe, sondern auch die am leichtesten zu organisierende. Auch kannten sich die Arbeiter untereinander, da sie alle in den gleichen zentralen Werkstätten arbeiteten. Diese Männer und Frauen schickten sich nun an, ihr

Geschick selbst in die Hand zu nehmen – für einen kurzen historischen Augenblick jedenfalls. Zunächst gelang es auch, ein einheitliches Vorgehen mit den *arti minori* zu erreichen; hatte man doch in den letzten Wochen Seite an Seite gegen den gleichen Gegner gekämpft.

Webstuhl, der von einer Frau
bedient wird, 14. Jahrhundert

Trotz der vom Stadtparlament beschlossenen Amnestie, mißtrauten viele dem Frieden in der Stadt, und die Zünfte wählten abermals Sprecher, die mit einer Delegation der

Kollegien mehrere Tage verhandelten, aber zu keinem Ergebnis kamen. Als sich die Ciompi außerhalb der Stadt an einem Ort namens el Ronco zu geheimen Lagebesprechungen trafen, schlossen sich ihnen deshalb auch viele Zunftvertreter an. Ergebnis der Geheimverhandlungen war der Beschluß, am 20. Juli einen Aufstand zu unternehmen. Doch die Verschwörung wurde aufgedeckt:

»Am 18. Juni kam der *Signoria* zu Ohren, daß verschiedene Anführer des *popolo minuto,* damit sind all die Tagelöhner, die der *Arte della Lana* und anderen Zünften unterstellt waren, gemeint, versuchten, eine große Versammlung zu organisieren. Anderntags um drei Uhr traten die Kollegien zusammen und es wurde berichtet. Als man gehört hatte, wie sich die Sache verhielt, beschloß man, in der Nacht einige zu verhaften, und so geschah es. Vier wurden verhaftet und der Folter unterworfen, worauf sie ein umfassendes Geständnis ablegten.«[115]

Einer der Verschwörer gab auch einen Bericht vor den Prioren ab, sodaß wir über den in el Ronco ausgearbeiteten Plan ziemlich genau unterrichtet sind. Simoncino sagte Folgendes aus:

»»Prioren, Ihr fragt mich nach dem, was wirklich geschehen ist, und ich werde es Euch sagen. Es verhält sich wirklich so, daß wir aus Furcht wegen der Plünderungen, die ich und die anderen begangen haben, – im Zweifel über unser Schicksal – viele Male an verschiedenen Orten zusammengekommen sind, um etwas zu unserer Rettung zu beschließen. Nur zu oft haben wir gehört, daß Ihr Prioren plantet, uns zu erhängen, und daß Ihr Ser Nuto da Città di Castello habt kommen lassen, damit er uns im Bargello alle am Halse aufhänge. Deshalb haben wir uns, um unsere Rettung zu bewerkstelligen, alle auf diese Versammlung geeinigt und Folgendes ins Werk gesetzt, was Ihr gleich hören werdet.
Gestern sind Pagolo del Bodda, Lioncino di Biagino, Lorenzo Ricomanni, Nardo di Camaldoli, Luca di Melana, Meo del Grasso, Zoccolo, Guido Bandiera, Salvestrino da San Giorgio, Guanda di Gualfonda, Galasso und ich, insgesamt zwölf Personen, zum Priesterhospital in der Via San Gallo gegangen. Dort wurde beschlossen, den Aufstand um drei Uhr zu beginnen. Und so wurde der Auftrag bestimmten Delegierten gegeben, die wir mehrere Tage zuvor in el Ronco gewählt hatten, das jenseits des Tores bei Sanpiero Gattolini liegt. Und wißt, mein Herr, daß wir eine rechtschaffene Verschwörung gemacht haben; in unseren Reihen gibt es viele brave Handwerker und gute Leute. Außerdem ist der größte Teil der Proskribierten mit uns.‹
Der Vorsitzende fragte Simoncino: ›Sieh da, das Volk erhob sich. Und was will es von der *Signoria?*‹ Der antwortete, daß die

Wollkratzer, Wollkämmer, Wollklopfer, Färber, Gerber, Wollkrempler, Wäscher und die übrigen Arbeiter, die der *Arte della Lana* unterstellt waren, ihr nicht länger unterworfen sein wollten. Sodann wollten sie alle, daß es keinen *ufficiale forestiere* mehr gebe und daß sie nichts mehr mit ihm zu schaffen hätten. Denn es sind viele schlecht behandelt worden sowohl von dem *ufficiale*, der uns wegen jeder Kleinigkeit peinigt, als auch von den Tuchherrn, die einen sehr schlechten Lohn zahlen. Wegen der Dinge, die sie berichten, wollen sie in Zukunft eigene Konsuln und nichts zu tun haben mit den *lanaioli* oder dem *ufficiale*. Sie sagen auch, daß sie Anteil an der Regierung der Stadt haben wollen. Und sie forderten, daß alle Plünderungen und Brände für alle Zeiten vergessen sind . . .

Die Kollegien kamen zu dem Schluß, daß diese Angelegenheit den Zünften bekannt gemacht werden sollte. Sofort wurde nach den Konsuln und Delegierten der Zünfte geschickt. Ebenso schnell kamen diese zu den Prioren und der Vorsitzende der *Signoria* konfrontierte sie mit dem, was Simoncino gesagt hatte. Alle zusammen beschlossen daraufhin, daß dieser Simoncino in die Gewalt des *Capitano* übergeben und solange gewürgt werden solle, bis er die Wahrheit über diese Verabredung sage, und so geschah es. . . .

Als Simoncino das Halseisen angelegt und er ziemlich lange damit malträtiert worden war, gestand er, und zwar nicht mehr und nicht weniger, als er den Prioren gesagt hatte. Zusätzlich gab er zu, daß das Oberhaupt jener Übereinkunft Salvestro de' Medici sei. . . .

Der Uhrmacher Nicolò hielt sich zu jener Zeit im Palast auf und stellte die Uhr. Da hörte er, wie Simoncino gefoltert wurde. Daraufhin ging er unverzüglich nach San Friano, zu seinem Haus, bewaffnete sich und kam wieder heraus mit dem Ruf: ›Zu den Waffen, zu den Waffen! Die Prioren wollen Hackfleisch aus uns machen, sie haben Ser Nuto in den Palast bestellt. Bewaffnet Euch, Ihr Leute aus dem niederen Volk, wenn Ihr nicht alle ermordet werden wollt.‹ Und ein gewisser Nardo di Camaldoli ging in die Kirche von Carmino und begann Sturm zu läuten. Daraufhin begann das Volk sich zu bewaffnen und versammelte sich nach Plan. Zuletzt war – von Glocke zu Glocke – ganz Florenz vom Sturmgeläut erfüllt.«[116]

Die *Signoria* forderte zu ihrem Schutz Truppen an, doch kamen nicht mehr als etwa 80 Bewaffnete. Die militärische Macht, die sie verkörperten, war so überwältigend gering, daß ihre Präsenz den Gang der Ereignisse eher beschleunigte, als hinderte. Aus den 16 Stadtquartieren trafen insgesamt nur zwei Volkskompanien auf der Piazza della Signoria ein, die sich angesichts der Situation sofort wieder zum Schutz ihrer eigenen Gebäude in ihren Vierteln zurückzogen. Auch die anwesenden Vertreter der Zünfte schritten trotz wiederholter Aufforderung der Prioren nicht ein, so daß die Ciompi leichtes Spiel hatten:

»Die ersten, die auf dem Platz eintrafen, waren die von San Piero Maggiore. Es waren vielleicht 150, aber nicht mehr, und sie riefen: ›Es lebe das Volk‹. Und die Soldaten rührten sich nicht vom Fleck, sie standen vielmehr da und sahen zu. Unmittelbar darauf kam für das Quartier Vacchereccia eine große Abordnung; es waren mehr als 300, die riefen: ›Es lebe das Volk‹. Die Soldaten blieben weiterhin stehen und guckten. Von den *gonfalonieri* [der Bezirke] kam keiner den Prioren zu Hilfe, wie sie es eigentlich angeordnet hatten. Die Ciompi begannen zu sagen: ›Übergebt uns die Leute, die ihr da unten gefangen haltet‹; gleichzeitig fingen sie an, den Palast zu beschießen. Als klar war, daß sie den Platz beherrschten, gingen sie in den Teil der Stadt, der jenseits des Arno liegt, und legten Feuer an das Haus des *Gonfaloniere di Giustizia*. Diejenigen, die die Nacht über verhaftet gewesen waren, wurden unverzüglich freigelassen. Unter den Prioren gab es welche, die sagten: ›Man soll sie übergeben, aber in zwei Stücke gerissen.‹ Aber der *Gonfaloniere* wollte, daß man sie freiließ, und so geschah es.«[117]

Der Erfolg ihres Vorgehens gab den Ciompi weiteren Auftrieb. Tausende strömten jetzt auf dem Platz zusammen, folgend dem Ciompi-Banner[118], das Walter von Brienne ihnen 30 Jahre zuvor verliehen hatte:

»Als das niedere Volk sah, daß kein Mensch kam, um die Prioren zu verteidigen, vervielfachte sich seine Anzahl. Dann wurden Salvestro de' Medici, Benedetto di Carlone und der Gastwirt Calcagnino beauftragt, die Forderungen des *popolo minuto* anzuhören; zu ihnen kam noch einer der Prioren, und zwar Guerriante Marignolli. Während die Genannten auf den Platz heraustraten, um das Begehren des *popolo minuto* kennenzulernen, sahen die Aufständischen, daß der Vollzugsbeamte des *Gonfaloniere di Giustizia* dessen Banner zu seiner Verteidigung aus dem Fenster gehängt hatte. Sie begaben sich deshalb zum Haus des Beamten und rissen das Banner herunter. ... Einer mit Namen Galasso und der Waffenschmied Simone di Biagio nahmen das Banner an sich. Mit dem Banner in Händen richteten die Aufständischen den größten Schaden und furchtbare Übel an, und das mit der Zustimmung derer, die wir beauftragt hatten, für Ruhe und Ordnung zu sorgen. Zuerst gingen sie zu dem *lanaiolo* Domenico die Berto Ugolini und brannten dessen Häuser nieder, anschließend die Häuser des Nicolaio degli Albizzi. Daraufhin zogen sie weiter, legten Feuer an den Palast der *Arte della Lana* und verjagten den *ufficiale*. Dann gingen sie zum Haus des Michele di Vanni und der Waffenschmied Simone di Biagio steckte es in Brand, ohne daß etwas geraubt wurde.«[119]

Diese Aktivitäten gingen außerordentlich diszipliniert vor sich. Ausschreitungen und Plünderungen wurden nicht geduldet. Eine kleine Episode, die sich bei dem zuletzt genannten Fall abspielte, ist sehr bezeichnend:

»Da gesagt worden war, daß nichts geplündert werden sollte, hielt man es in folgender Weise: Wenn entschieden worden war, daß ein Haus den Flammen übergeben werden sollte, nahm man alles, was andere weggetragen hatten, Tücher, Perlen, Möbel usw., und jeder einzelne Gegenstand wurde verbrannt. Ich sah zuletzt, daß man einem, der ein Huhn und ein Stück Pökelfleisch in der Hand hielt, mit der Lanze einen Stoß zwischen die Schultern gab, weil er es nicht ins Feuer werfen wollte. Und man nahm das Huhn, riß es an den Beinen auseinander und warf es in die Flammen. So ging diesmal das Niederbrennen ganz ohne Plündern ab.«[120]

In dieser Weise wurde eine ganze Reihe von Häusern dem Erdboden gleichgemacht, die alle Leuten gehörten, die dem Volk bekanntermaßen besonders feindlich gesinnt waren. Auffallend ist, daß keiner dieser Guelfen, Patrizier, Wucherer und Unternehmer sein Leben lassen mußte. Die Nüchternheit und Präzision, mit der die Ciompi – »wegen ihrer Schonung menschlichen Blutes von allen neueren Historikern gerühmt«[121] – vorgingen, ist umso erstaunlicher angesichts der ungeheueren Grausamkeit, mit der in jener Zeit gewaltsame Auseinandersetzungen anderwärts von statten gingen. Erinnert sei nur an die Kämpfe in Flandern und den deutschen Bauernkrieg.

Die Ciompi wußten genau, was sie wollten. Wie schon vier Wochen zuvor brandschatzten sie ganz bestimmte Leute, die sich entweder als Inhaber politischer Ämter oder als *lanaioli* besonders negativ profiliert hatten. Kein Zufall ist es sicher auch, daß als eines der ersten Gebäude der Palast der *Arte della Lana* in Flammen aufging. Bei dieser Gelegenheit »verbrannten sie alle Bücher und Schriften, die sie fanden«[122]. Aber nicht nur die Unterlagen der Wollenzunft wurden vernichtet. Am nächsten Tag folgten die Akten des *Podestà*, des städtischen Gerichtsherrn, die Statuten der Stadt und die Bücher der Finanz- und der Versorgungskommission. Unter den niedergelegten Häusern war auch das des Andrea di Segnino, der *gonfaloniere* im Bezirk *Lion bianco* (weißer Löwe) war.

Andrea war einer der wenigen *gonfalonieri* aus den Bezirken, die am Nachmittag des 20. Juni zusammenkamen, um zu beraten, wie man den Prioren helfen könnte. Sie kamen überein, ihre Milizen auf der Piazza della Signoria zusammenzuziehen. Aber zwei der Führer der Medici-Fraktion stellten sich ihnen in den Weg:

»Tommaso degli Strozzi und Giorgio degli Scali verboten es ihnen und ließen sie nicht gehen; deshalb war der Staat verloren. Andrea di Segnino sagte für seine Person, er wolle unbedingt dem Auftrag der Prioren folgen, und er hatte darüber eine Auseinandersetzung mit Tommaso degli Strozzi; dieser Tommaso brachte ihm Ärger ins Haus. Schließlich zog Andrea sich zurück und ging in großem Trübsinn davon.«[123]

Am Abend erhob das Volk mehr als 60 Personen in den Ritterstand, allen voran Salvestro de' Medici. Es folgten Tommaso degli Strozzi und Benedetto degli Alberti. Alle drei gehörten patrizischen Bankiersfamilien an und hatten sich zu Führern des Aufstandes aufgeschwungen – höchst eigene Interessen verfolgend, versteht sich. Auch die weiteren vom Volk Geehrten gehörten fast alle dem Patriziat an. Wir finden z.B. die Namen zweier weiterer Alberti und Salvestros Bruder Vieri di Cambio de' Medici, aber merkwürdigerweise auch einige Gegner des Aufstandes, deren Häuser am selben Tag in Schutt und Asche gelegt worden waren. Als alle Nominierten sich hatten zum Ritter schlagen lassen – »der eine gezwungenermaßen, der andere aus Furcht, wieder andere freiwillig«[124], sammelten sich die Ciompi und verbrachten die Nacht gemeinsam an strategisch günstigen Orten außerhalb der Stadt. Währenddessen richteten sich die Prioren auf eine Belagerung des Palazzo Vecchio ein:

»In dieser Nacht verschanzten sich die Prioren drinnen, versorgten sich mit Brot, Wein, Essig, Pökelfleisch, Käse und Salz und ließen den Palast mit vielen Steinen befestigen, da sie nicht wußten, ob sie belagert würden. Das geschah mit großem Mut und in der Absicht, tapfer auszuhalten und eher zu sterben, als herauszukommen.«[125]

Auch auf der anderen Seite blieb man nicht untätig. Die Aufständischen nutzten die Nacht, um ein politisches Programm zu formulieren.

Die Forderungen der Ciompi

In der Nacht forderten die Ciompi die *arti minori* und auch die anderen Zünfte nachdrücklich auf, ihre Zunftbanner zu übergeben und sich ihnen anzuschließen, was auch geschah. Dennoch kam – wohl nicht zuletzt wegen der Kürze der Zeit – kein gemeinsames Programm zustande. Man einigte sich vielmehr auf getrennte Petitionen.

Trotz ausnehmend heftiger Regenfälle schritten die Aufständischen am Morgen des 21. Juli zur Tat. Unter Teilnahme fast aller Zünfte wurde der Bargello belagert, der Palast des *Podestà,* der eine Art Polizeipräsident war, aber zugleich auch gerichtsherrliche Funktionen ausübte. Schon nach zwei Stunden mußte der *Podestà* aufgeben, denn die Aufständischen

»nahmen den Turm der Abtei und andere Gebäude in der Umgebung ein. Kurz darauf ergab sich der *Podestà* und rettete damit seine Leute, was die Aufständischen akzeptierten. Sie verbrannten den Palast und alle schriftlichen Unterlagen und Bücher; das gleiche taten sie mit dem gesamten Hausrat des *Podestà* und der übrigen, den sie fanden, ohne irgendetwas zu rauben.«[126]

Mit der Vernichtung der Akten hoffte man, die Prozesse gegen die Juni-Aufständischen, deren Vorbereitung man vermutete, zu verhindern. Sodann wurden unter Assistenz verschiedener Amtsträger der Kommune die Forderungen der Ciompi und der Zünfte schriftlich niedergelegt. Die Petition der Zünfte[127] bewegte sich in ihrer Argumentation in ziemlich traditionellen Bahnen. Die Stichworte sind: Entmachtung der *Parte Guelfa;* Rehabilitierung ihrer Gegner; Honorierung derer, die den Aufstand unterstützt hatten; Umverteilung und Vermehrung der Ämter in der Stadtregierung – die traditionelle politische Strategie der Zünfte also. Die Petition wurde ohne Verzug vom *Consiglio del Popolo* fast einstimmig angenommen (am folgenden Tag auch vom *Consiglio del Comune*). Der Inhalt soll uns hier nicht weiter interessieren.

Die Petitionen der Ciompi[128] waren außerordentlich umfangreich und gingen mehr ins Grundsätzliche, wenn sich auch der Einfluß der Zünfte bei der Abfassung nicht übersehen läßt. Der erste Antrag enthielt folgende Forderungen:

- die Abschaffung des Amtes des *ufficiale forestiere* in der *Arte della Lana*
- die Gewährung des Zunftrechts für eine eigene Zunft des *popolo minuto*
- ein Viertel aller Ämter soll dem *popolo minuto* zufallen
- eine Verstärkung bzw. überhaupt die Realisierung einer Vertretung des *popolo minuto* in den Kollegien und bestimmten Korporationen
- eine Sperrminorität gegen Beschlüsse der Zunftvertreter
- die Organisation eines Wahlbeutels für den *popolo minuto* binnen vier Wochen
- die Aussetzung aller Zwangsanleihen für wenigstens sechs Monate
- die Tilgung aller Staatsanleihen innerhalb von zwölf Jahren unter sofortigem Wegfall jeglicher Zinszahlungen
- ein Schuldenmoratorium auf zwei Jahre sowie Verschonung von der Schuldhaft
- das Verbot der Strafe des Handabhackens (die damals sehr beliebt war)
- nochmalige Bestätigung der Straffreiheit für alle Vorfälle im Zusammenhang mit dem Juni-Aufstand
- die Abschaffung der Strafen für Glücksspiele
- Wiederanwendung der *Ordinamenti della Giustizia* in ihrer ursprünglichen Form
- Rehabilitation der von der *Parte Guelfa* Proskribierten
- Entzug der gerade erst gewährten Ritterwürde für die Opfer der Brandschatzungen, d.h. für die Gegner der Aufständischen
- die finanzielle Belohnung von Salvestro de' Medici und Guido Bandiera

In der zweiten Petition geht es noch einmal um die *Parte Guelfa*, es werden die zu Bestrafenden bzw. zu Rehabilitierenden beim Namen genannt. Beide Anträge erreichten wie schon die Petition der Zünfte fast einhellige Zustimmung.

Obwohl angesichts des Verlaufes der Ereignisse »die Zünfte und das Volk zufrieden waren«[129], blieben die Aufständischen auch in der folgenden Nacht wachsam, was sich als sehr berechtigt erwies:

»Sie zogen sich in den Palast des *Podestà* zurück, wo das Banner des *Gonfaloniere di Giustizia* und die Banner der Zünfte aufgepflanzt waren, und verbrachten die Nacht in Ruhe. Aber am späten Abend ging das Gerücht, vor den Toren sei Migliore mit 4 000 Fußsoldaten aus Valdinievole angerückt. Deshalb verlangten sie die Schlüssel zu den Toren und beauftragten welche, herauszufinden, um wen es sich handle. Es stellte sich heraus, daß es nicht Migliore war. . . .

Am folgenden Morgen, dem 22. Juni, riefen die Prioren den *Consiglio del Comune* zusammen. Als man nach kurzer Zeit sah, daß der Versammlungsraum zu klein war, entschloß man sich, in den Palazzo Vecchio auszuweichen. Als Guerriante Marignolli, einer der Prioren, dies bemerkte, wollte er den Palast verlassen, aber unten angelangt, fiel er ihnen in die Hände. Da er sein Vorhaben nicht mehr ausführen konnte, ergab er sich. Daraufhin sorgten die Aufständischen dafür, daß er bis zu seinem Haus begleitet wurde, nahmen den Palast ein und warfen die übrigen Prioren hinaus. Als sie sich im Palast versammelt hatten, machten sie einen der ihren zum *Gonfaloniere di Giustizia*. Er hieß Michele di Lando und war Wurst- und Käsehändler. Man sagt, daß seine Frau das Geschäft führt, er aber in der Wollentuchindustrie arbeitet. Er ist 35 Jahre alt oder etwas weniger.«[130]

Wer war dieser Michele di Lando, der unter so ungewöhnlichen Umständen »für mehr als einen Tag Herr der Stadt«[131] wurde?

Michele di Lando –
»Realist« und Klassenverräter

Die Ciompi hatten einen Sieg errungen. Doch ihr Unglück war, daß sich – wie in so vielen revolutionären Auseinandersetzungen – dahergelaufene Demagogen an die Spitze der Bewegung drängten. Die wichtigsten Männer der neuen politischen Verhältnisse waren ausgerechnet Michele di Lando und Salvestro de' Medici –

»Michele, Repräsentant der siegreichen Ciompi, und Salvestro, Oberhaupt der Reichen, die keineswegs gewillt waren, das Feld zu räumen, jene unentbehrlichen Männer, die nach dem, was Salutati sagt, zur ›Rettung‹ von Florenz zu den Schalthebeln der Macht emporgehoben worden waren.«[132]

Jener Michele di Lando, der für einen kurzen, aber wichtigen Augenblick am Rad der Geschichte herumfummelte, ist eine sehr schillernde und undurchsichtige Figur. Bis heute weiß man nichts ganz Genaues über ihn. Am weitesten geht Rutenburg, der ihn schlicht zum Agenten der *Otto della Guerra* und damit des alten Regimes erklärt[133], was sich aber nicht beweisen läßt. Als »Retter« wird Michele schon von der (natürlich meist herrschaftsorientierten) Geschichtsschreibung der Renaissance angesehen. Schon Guicciardini rühmt, daß er durch seine Weitsicht die Stadt vor den Ciompi gerettet habe[134]. Besonders entschieden ist das Urteil von Leonardo Bruni, nachmals Kanzler von Florenz:

»Wenn nicht die Tapferkeit und Standhaftigkeit des *Gonfaloniere* Michele Widerstand geleistet hätten, wäre der Stadt allergrößter Schaden erwachsen. Obwohl er aus dem untersten Volk, von einem Handwerker, abstammte, möchte ich sagen, daß er durch göttliche Fügung in jenen unruhigen Zeiten der Stadt vorstand. Immer nämlich hat er sich den würdelosen Begierden der Masse entgegengestellt, immer ihren schlechten Vorhaben die Zügel angelegt. Mahnend, warnend, geißelnd hat er die Menge im Zaum gehalten. Es wohnte ihm eine gleichsam naturgegebene Autorität inne und sein Äußeres war eines freien Mannes nicht unwürdig. Es kommt hinzu, daß er in seiner Jugend einige Jahre Kriegsdienst in Frankreich abgeleistet hatte. Deshalb war er der einheimischen Primitivität gewahr und außerdem durch Erfahrung im Auslande gereift; derart erfahren packte er die Dinge, die zu tun waren, mit Schlauheit an.«[135]

Soweit die Stimme der herrschenden Klasse.

Genauso wie andere spätere Ciompiführer hatte auch Michele di Lando im Krieg gegen Pisa gekämpft. Zunächst diente er als Armbrustschütze; schon damals hatte er einen Sold, der weit höher war als der Verdienst jeden Wollarbeiters[136]. Schließlich übernahm er sogar ein kleines Kommando. Nach dem Krieg finden wir ihn im oberen Viertel der florentiner Steuerzahler. Micheles Mutter war Geschirrhändlerin gewesen und auch er selbst gab diesen Beruf gelegentlich bei Steuererklärungen an. Die Chroniken bezeichnen ihn abwechselnd als Wollkämmer und als Wollkratzer.

Wir wissen jedoch, daß er zur Zeit des Aufstandes längst nicht mehr als Ciompo arbeitete, sondern Faktor, d. h. Aufseher geworden war. Er gehörte also zu jenen, denen die von der *Arte della Lana* im April 1378 verfügte Vervierfachung der Immatrikulationsgebühr den Aufstieg zum *lanaiolo* verwehrte. Michele di Lando verfolgte also ganz andere Ziele als die Ciompi, und als diese nach ihrem siegreichen Aufstand für kurze Zeit eine eigene Zunft hatten, war es ganz im Sinne seines Karrierebewußtseins, sich dort nicht einzuschreiben. Wenn Michele am 22. Juli »barfuß und schlecht gekleidet« die Aufständischen anführte, so »war das eine Inszenierung geschickter politischer Regisseure«[137].

Auch wenn diese Vermutung des Beweises entbehren muß, so hat sie zumindest den weiteren Verlauf der Ereignisse für sich. Am 1. September 1378, wenige Tage nach der Niederlage der Ciompi, begann ein neues Priorat:

»Die alten Prioren verließen den Palast und begaben sich in allen Ehren in ihre Häuser. Michele di Lando, der ehemalige *Gonfaloniere*, bekam ohne alle Umschweife als Geschenk einen vergoldeten Pokal mit 100 Florin darin, zwei Schilde und zwei Lanzen, ein Pferd und eine Rüstung für das Pferd.«[138]

Die neue Regierung war sich durchaus im klaren darüber, was die wirkliche Funktion dieses »Repräsentanten der Ciompi« gewesen war. Auch in den folgenden Jahren gelang es Michele stets, sich in die veränderte politische Situation einzufinden, was seinem Lebensstandard sehr zugute kam. Was er auch tat, er wurde reicher und reicher, so daß er seiner Tochter bei ihrer Heirat eine Mitgift von 600 Florin mit auf den Weg geben konnte, was dem Jahreseinkommen von 25 Wollarbeitern entsprach[139]. Für einige Zeit war er *Capitano del Popolo* in Volterra, bevor er – Ironie des Schicksals – seine Karriere als *lanaiolo* in Modena beschloß. Doch soweit sind wir noch nicht. Am 22. Juli 1378 stürmten die Ciompi den Palazzo Vecchio und da wollte Michele nicht fehlen:

»Als der Pöbel in den Palast eindrang, trug das Banner des *Gonfaloniere di Giustizia* ein Wollkämmer, Michele di Lando. Barfuß und schlecht gekleidet, von dem ganzen Haufen gefolgt, stieg er die Treppe hinauf. Als er im Audienzsaal der Prioren angekommen war, sprach er, zur Menge gewandt: ›Ihr seht, dieser Palast ist euer, die Stadt ist in euern Händen. Was denkt ihr, daß jetzt geschehen soll?‹ Da riefen alle, daß er *Gonfaloniere* und *Signore* sein und sie und die Stadt nach seinem Gutdünken regieren sollte. Michele nahm die Signorie an, denn er war klug und verständig und hatte der Natur mehr zu danken als dem Glück. Er beschloß, die Ruhe herzustellen und den Unordnungen ein Ende zu machen. Um nun die Menge zu beschäftigen und zu seinen Anordnungen Zeit zu gewinnen, befahl er, man sollte Ser Nuto holen, den Lapo da Castiglionchio zum Hauptmann der Häscher bestimmt hatte. Die Mehrzahl derer, die ihn umgaben, entfernte sich, um den Auftrag zu erledigen. In der Absicht, seine Regierung, die er durch Gunst erlangt hatte, mit Gerechtigkeit zu beginnen, ließ er öffentlich den Befehl ergehen, keiner sollte rauben oder Feuer legen. Und um allen Angst einzujagen, ließ er auf dem Platz einen Galgen aufrichten. Um die Verwaltung neu zu ordnen, entließ er die Delegierten der Zünfte und ernannte neue, enthob die Mitglieder der Kollegien ihres Amtes und ließ die Wahlbeutel verbrennen. Unterdessen wurde Ser Nuto vom Pöbel auf den Platz geschleppt und an jenen Galgen an einem Fuß aufgehängt, der bald allein von ihm übrig blieb, da die Umstehenden ihn in Stücke zerrissen.«[140]

Der Henker Ser Nuto, der für seine Grausamkeit bekannt war, gehörte zu den ganz wenigen, deren Kopf die Ciompi gefordert hatten, und er war der einzige, der tatsächlich sein Leben lassen mußte. Die anderen beiden, der *ufficiale forestiere* und der Notar Ser Piero, waren dem Tod dadurch entgangen, daß sie aus der Stadt flohen. Der *ufficiale* war der oberste Polizei- und Gerichtsbeamte der *Arte della Lana,* er verkörperte in den Augen der Ciompi die brutale Ausbeutung und Unterdrückung sowie das System drakonischer Strafen, unter denen sie jahrzehntelang zu leiden gehabt hatten. Aber was stellte den Bürokraten Ser Piero den beiden anderen gleich?

»Er war der Erfinder des *Monte dell'uno per tre* (bzw. *per due*), eines verblüffend einfachen Tricks, die Zinsen auf Staatspapiere von den gesetzlich höchstens zulässigen fünf auf zehn und 15 % anzuheben und so neue Anleihen für den *Monte* zu mobilisieren. Das bedeutete, daß noch mehr Einnahmen aus den *gabelle* [den indirekten Steuern] in die Taschen der Reichen flossen. Wenn die Aufständischen vor den *gabelle* die *prestanze* und den *Monte* abschaffen wollten, war das ein Zeichen von finanzpolitischem Realismus und durchaus keine abstrakte Forderung nach mehr Gleichheit und Gerechtigkeit. An die *gabelle* hatten sie sich nur scheinbar gewöhnt; sie wußten vielmehr abzuwarten, um im geeigneten Augenblick für jahrelanges Unrecht Rache zu nehmen und den Schuldigen zu bestrafen.«[141]

Die Ciompi hatten also durchaus sehr realistische Vorstellungen, von dem, was zu tun war. Ihr schon erwähnter Versuch, den weiteren Wertverfall der Silber- und Scheidemünzen zu verhindern, zielt in die gleiche Richtung. Hier entzogen ihnen plötzlich, wenn auch mit gutem Grund, ihre Freunde, die Bankiers, jede Unterstützung.

Michele di Lando blieb unterdessen nicht untätig. Er begann die Wahl einer neuen Regierung zu organisieren und verteilte an die Seinen Gratifikationen. Salvestro de' Medici, schon zuvor nicht einer der Ärmsten, erhielt die städtischen Einnahmen aus den Buden auf der Ponte Vecchio. Auch sich selbst vergaß Michele nicht, er erhielt das Amt des *Podestà* in dem Städtchen Empoli. Es war damals ein schöner Brauch, an verdiente Bürger solche Ämter in unterworfenen Städten zu vergeben. Arbeit war damit meist nicht verbunden, dafür aber regelmäßige Einkünfte. Vielen Patriziern aus der Volkspartei gewährte Michele allerlei Vergünstigungen, »nicht bloß, um sie für ihre Mühe zu belohnen, sondern auch, um an ihnen Stützen und Beschützer gegen die Mißgunst zu finden«[142]. Sie wußten es ihm zu danken.

Ein Tuchballen wird nach Passieren der Kontrollstelle weggetragen

Getreidekauf, französische Darstellung des 15. Jahrhunderts

Palazzo Vecchio, von den Uffizien gesehen

Die neue Regierung

Von einem Regiment der Ciompi zu sprechen, verbietet sich, denn sie hatten zwar gesiegt, aber sie hatten nicht allein gesiegt. Die Ciompi konnten angesichts ihrer großen Zahl zwar leicht die Straße beherrschen. Aber daß sie in der zweiten Phase des Aufstandes eine aktive, wenn auch nicht führende Rolle spielten, lag durchaus auch im Sinne der *gente nuova,* die sich im Juni nicht wirklich hatte durchsetzen können:

»Die Medici-Fraktion, die bereits mit der Öffnung zum Kleinbürgertum ein Risiko eingegangen war, das z.B. in den Ämterforderungen der *arti minori* seinen Ausdruck fand, ging deshalb noch einen Schritt weiter. Sie bezog die Unterschichten, die bisher nur Mitläufer gewesen waren, als aktives Element in das politische Kräftespiel mit ein. Einer koordinierten Aktion von Kleinbürgertum und Unterschichten . . . hatten die alten Kräfte nichts entgegenzusetzen. Allerdings gelang es den Führern nicht, die Aufständischen von deren eigenen politischen Zielen abzubringen.«[143]

Genau hier liegt das Problem. Die »alten Kräfte« hatten es vermocht, ihre Gegner zur Aktion zu einen: das zu ihnen in Opposition stehende Kapital, repräsentiert vor allem durch die mit Macht nach oben drängende *gente nuova;* die kleinbürgerlichen *arti minori;* der *popolo minuto,* d.h. vor allem die Ciompi.

Diese Gruppen zogen zwar für den Moment am selben Strang, doch zogen sie nicht in dieselbe Richtung, denn der gemeinsame Gegner konnte die zwischen ihnen bestehende Gegensätze eine Zeitlang überdecken, aber nicht aufheben. Beim Kampf um die Aufteilung der neugewonnenen Macht wurden diese Kräfte notwendig wieder zu Konkurrenten. Ein Erfolg des *popolo minuto* bei der Verteilung der Ämter beispielsweise konnte nur zu Lasten der *arti minori* gehen. Diese Differenzen sind ständig gegenwärtig. Deswegen auch wurden dem Stadtparlament am 21. Juli getrennte Petitionen vorgelegt. Auch die in der »heißen Phase« des Aufstandes außerhalb des normalen Turnus zustandegekommene *Signoria* reflektiert diesen Zwiespalt, ihr gehören je drei Vertreter aller drei Gruppen an:

»Giovanni Capponi, *lanaiolo* Lioncino di Franchino, Wollkratzer	Santo Spirito
Salvestro Compiobessi, Bäcker Giovanni di Bartolo, Apotheker	Santa Croce
Salvestro di Giovanni, Färber Spinello Borsi	Santa Maria Novella
Benedetto di Carlone, Pantoffel- macher Bonaccorso die Laniero, Woll- kämmer	Santo Giovanni
Michele di Lando, Woll- kämmer,	*Gonfaloniere di Giustizia*«[144]

Aus ein und demselben Stadtviertel kommen als Prioren ein *lanaiolo* und ein Wollkratzer; wahrlich eine Regierung des Klassenkompromisses!

Die neue Regierung verbannte 31 führende politische Gegner, sprach Begnadigungen aus und rehabilitierte Opfer der guelfischen Proskriptionen unter der Bedingung, daß sie dem neuen Regime die Treue schworen. Einige hohe Verwaltungsbeamte wurden durch neue Männer ersetzt und auch die Aufseher des Stadtgefängnisses, »nur zu gut bekannt für ihre Niederträchtigkeiten«[145], wurden entlassen. Außerdem wurden die Verbrauchssteuern auf Getreide und Salz gesenkt. Am 28. Juli schuf die neue Regierung eine Miliz aus 1 000 Armbrustschützen (manche Chroniken nennen auch eine höhere Zahl), die zu ihrer Unterstützung dienen sollte. Doch in der Praxis war nicht viel damit her zu machen, denn es fehlte an Training und Organisation. Viele Milizionäre mußten schon nach kurzem ihre Waffen versetzen oder verkaufen, da sie kein Geld hatten.

Die weitaus wichtigste Maßnahme der neuen *Signoria* aber war, daß sie nun daran ging, die geforderten neuen Zünfte zu konstituieren. Auch hier wurden wieder die sozialen

Unterschiede innerhalb der Aufständischen deutlich. Folgende drei Zünfte wurden gebildet:

1. Die *Arte del Popolo minuto,* auch *Arte dei Ciompi* genannt[146]. Ihr gehörte an »jeder, der der *Arte della Land* unterstand, d.h. Faktoren, Vorarbeiter der Woll- und Garnverarbeitung, Lehrlinge, die beim Färben, Tuchspannen und Weben helfen, Kontrolleure, Wollsortierer, Wollreiniger, Wollklopfer, Wollkämmer, Wollwickler und Wollweber. Sie alle bildeten zusammen eine Zunft; der Zahl nach waren es 9000 Menschen. Das Wappen, das sie als ihr Zeichen trugen, war das Lamm mit dem Schwert in der Hand und mit einem Kreuz.«[147] Es fehlt die Gruppe der Walker. Ansonsten finden wir hier ziemlich genau die am schlechtesten gestellte Gruppe der Wollarbeiter, nämlich die, die in zentralen Werkstätten arbeiteten und jegliche Verfügungsmöglichkeiten verloren hatten. Dazu kommen die Vorarbeiter (Faktoren), die beim Aufstand eine sehr aktive Rolle gespielt hatten (Beispiel: Michele di Lando, der sich der Zunft allerdings nicht anschloß).

2. Die *Arte del Tintori,* hier waren organisiert: »Färber, Tuchwäscher, Tuchkrempler, Krempelhersteller, Tuchweber. Diese alle bildeten eine Zunft. Als Wappen trugen sie einen Arm mit einem Schwert in der Hand, und auf dem Schwert stand geschrieben: Gerechtigkeit. Und der Arm war weiß auf rotem Feld.«[148] In der Aufzählung fehlen noch Seifensieder, Tuchspanner, Tuchausbesserer und Aschenbrenner. Insgesamt hatte diese Zunft etwa 2000 Mitglieder. Tonangebend waren die Färber und Seifensieder (Seife war wichtig für die Tuchherstellung), die 1342/43 schon einmal eine eigene Zunft gehabt hatten und jetzt allein sieben von zwölf Zunftkonsuln stellten[149]. Die Färber gaben der Zunft auch den Namen. Sie waren eine besonders selbstbewußte Gruppe von immer noch relativ unabhängigen Handwerkern, die in den vergangenen Jahrzehnten immer wieder gegen die *Arte della Lana* aufbegehrt hatten. Diese versuchte sich mit allen Mitteln zur Wehr zu setzen. Noch im Juni 1377 hatten die *lanaioli* Geld in zwei eigene Färbewerkstätten investiert, »im Interesse der Produzenten, die ihr Tuch besser und zu einem günstigeren Preis bearbeitet wissen wollten«[150]. Dieser

Versuch, die Preise für ihre Arbeit zu drücken, hatte natürlich die Aufstandsbereitschaft der Färber sehr gefördert. 3. Die *Arte dei Farsettai*. Außer Barbieren und Hutmachern waren hier organisiert »Tuchscherer, Tuchreiniger, Wamsmacher, Schneider, Strumpfwirker und Fahnenmacher. Alle diese, vereinigt in einer Zunft, trugen als Abzeichen einen Arm unseres Herrgotts, der bekleidet war und aus dem Himmel hervorkam, einen Olivenzweig in der Hand haltend.«[151] Auch diese Zunft hatte etwa 2 000 Mitglieder, so daß durch die neuen Zünfte etwa 13.000 Menschen organisiert waren, ein Mehrfaches der Mitgliederzahl der 21 Zünfte, die schon zuvor bestanden hatten.

In den beiden kleineren Zünften waren jene kleinbürgerlichen Elemente versammelt, die nach der Niederlage der Ciompi zusammen mit den *arti minori* noch einige Jahre weiterregieren konnten. Mit der *Arte del Popolo minuto* verfügte die übergroße Mehrheit der Bevölkerung wenigstens über eine unter nunmehr 24 Zünften. Für die Sieger des 22. Juli ein mageres Ergebnis, wie mager sollte sich bald zeigen.

Mit der Vorbereitung von Neuwahlen wurde die bereits am 23. Juni gebildete Kommission beauftragt, nachdem sie noch um etliche Mitglieder erweitert worden war. Die Repräsentation der Ciompi in dieser Kommission sollte durch die 32 Delegierten des *popolo minuto* gewährleistet werden. Doch selbst in ihren Reihen finden sich Leute ganz anderer sozialer Abkunft:

»Während vielleicht die Hälfte dieser Delegierten arme Arbeiter waren, fiel eine große Zahl unter ganz andere soziale Kategorien. Es waren selbst Leute darunter, die beträchtliche Staatsanleihen besaßen, wie der Notar Ser Andrea Corsini, reiche Kaufleute wie Mezza Attaviani und Miniato Nucci und der Seidenfabrikant Michele di Ser Parente. Darüberhinaus lassen die relativ hohen Steuerleistungen der Färber, Wäscher und Ausbesserer unter den Delegierten vermuten, daß viele von ihnen nicht Tagelöhner waren, sondern Kleinunternehmer mit eigener Werkstatt, Leute mit bescheidenem sozialen Status.

Zahlenmäßig überwogen in der Kommission und im Ciompiregime Leute mit geringem Vermögen und niederem Sozialstatus, die aber durchaus nicht völlig eigentumslos waren oder gar verzweifelte *miserabili*. Ihr Grundinstinkt war konservativ, nicht radikal. Sie hatten an der Revolution teilgenommen, weil sie fürchteten, die Mitglieder der Oligarchie wollten ein geschlossenes poli-

tisches System errichten, und wegen der *lanaioli*, die die Rechts-
sprechung über ihre wirtschaftliche Tätigkeit ausübten. Vielleicht
waren sie auch neidisch auf den Reichtum des Patriziats. Aber sie
waren nicht gegen Reichtum an sich, denn sie waren geführt und
beeinflußt von zwei der reichsten Männer von Florenz: Benedetto
degli Alberti und Tommaso degli Strozzi.«[152]

Die Sache der Ciompi war also in schlechten Händen, aber
den Reichen war es noch nicht genug damit. Das Kapital
antwortete auf die Herausforderung der Ciompi in der
Weise, die ihm gemäß war. Es rüstete kein Ritterheer aus,
wie es die alten Feudalmächte getan hätten (und 1382 auch
taten), sondern setzte seine ökonomische Macht als Waffe
ein.

Die Antwort der Unternehmer: Aussperrung

Auf sozialpolitischem Gebiet nahm sich die neue Regierung besonders der Versorgung der Bevölkerung mit
Grundnahrungsmitteln an. Die Preise wurden gesenkt,
die Steuern auf Getreide und Mehl aufgehoben, der Export
von Getreide verboten, die Bauern wurden ausdrücklich
zur Ablieferung ihrer Erzeugnisse verpflichtet. Besondere
Inspektoren fahndeten nach gehorteten Beständen. Doch
schon sehr bald sahen sich die frischgebackenen Prioren
mit einem ganz anderen Problem konfrontiert. Am 24. Juli
erließen sie eine Bekanntmachung:

»Ein jeder soll seine Werkstatt öffnen und seinem Gewerbe nach-
gehen; die Waffen sollen niedergelegt werden. Aber nichts der-
gleichen geschah. . . . Am 25. Juli verhielt es sich genauso. Nichts
passierte, außer daß viele Bürger mit ihrem Hausrat und ihren
Frauen und Kindern sich davon machten und aufs Land gingen.
Ähnlich war es die Tage zuvor gewesen. Viele räumten ihre
Häuser aus und der eine begab sich hierhin und der andere dorthin. Angesichts dieser Verhältnisse erließen die Prioren schleunigst
folgende Anordnung: nichts soll aus den Häusern herausgeräumt
werden bei Strafe der Zerstörung der betreffenden Gegenstän-
de.«[153]

Ähnliche Anordnungen wurden in Abständen von drei Tagen wiederholt, ohne Erfolg. Die Unternehmer waren entschlossen, die Regierung des Volkes auf kaltem Wege zu liquidieren. Durch die Aussperrung trafen sie die Stadt, deren Bevölkerung zum größten Teil von der Lohnarbeit lebte, an ihrem empfindlichsten Punkt. Mit sozialpolitischen Maßnahmen war dagegen nicht anzukommen. Denn

»all dies stellte sicherlich eine Erleichterung für den *popolo minuto* dar. Aber die Armen unter ihnen, die vom Tagelohn lebten, die Ciompi, konnten ohne Arbeit nicht das geringste kaufen, selbst wenn Salz und Mehl sehr billig waren.«[154]

Auch das Dekret der *Signoria,* »daß die *lanaioli* bei schwerer Strafe verpflichtet sind, zusammen im Monat 2 000 Stück Tuch zu produzieren, ob sie wollen oder nicht«[155], half in der Praxis nur wenig. Die Tuchherren waren entschlossen, die Regierung zu Fall zu bringen. Während das Interdikt des Papstes zwei Jahre zuvor ihnen wenig hatte anhaben können, hatte die Tatsache, daß ihre Arbeiter plötzlich bewaffnet durch die Straßen zogen, ihnen tiefe Furcht eingejagt. Diesem Spuk ein Ende zu bereiten, war jedes Mittel recht. Folgende kleine Geschichte ist sehr typisch: Ein *lanaiolo* wurde vom Volk aus dem Gefängnis befreit und aufgefordert, 3 000 Florin in eine Werkstatt zu investieren:

»Er sagte, er wolle 6 000 Florin nehmen. Da riefen alle zugleich: ›Das ist ein guter Mensch und dennoch will man ihm Schlechtes.‹ Der ganze Haufen begleitete ihn zu seinem Haus. Er schien sehr lange fortgewesen zu sein und sagte: ›Vergebt mir! Kommt herein, trinkt, eßt und erfrischt euch, ich werde mich unterdessen ein wenig ausruhen.‹ Die Leute wollten wenig mehr als etwas zu trinken, unter anderem weil es ihnen ungewohnt war, und wegen der Hitze und den Waffen. Der Herr begab sich ins Haus, ging nach hinten wieder hinaus und verschwand auf Nimmerwiedersehen.«[156]

Notfalls verhalf man dem Boykott auch mit List und Tücke zum Erfolg. Wir sind relativ genau unterrichtet, wie konsequent die Aussperrung befolgt wurde. Denn ein guter Gradmesser für den Umfang der ökonomischen Aktivität war die *gabella dei contratti,* die Vertragssteuer. Diese

Tuchhändler beim Messen mit der Elle, 13. Jahrhundert, Fenster der Kathedrale von Chartres

Steuer mußte bei jedem Vertragsabschluß (natürlich nicht nur in der Wollentuchindustrie) entrichtet werden, ihre Höhe richtete sich nach dem Wert des Vertragsgegenstandes. Abgerechnet wurden die Einnahmen aus dieser Steuer am Ende jeder Woche; die Zahlen für das Jahr 1378 sprechen eine deutliche Sprache:

29. Juni bis 5. Juli	293 Florin
6. Juli bis 12. Juli	448 Florin
13. Juli bis 19. Juli	395 Florin
20. Juli bis 26. Juli	13 Florin
27. Juli bis 2. August	84 Florin[157]

Gegen diese Politik war die Regierung machtlos. Auch Getreideverteilungen und die Einrichtung einer städtisch besoldeten Armbrustschützenmiliz konnten hier auf die Dauer nichts ausrichten. Die *lanaioli* zahlten lieber Strafen, als die Produktion wieder aufzunehmen, denn sie wußten, daß die Zeit für sie arbeitete.

Die Schließung der Werkstätten, die von einem Tag auf den anderen den größten Teil der Florentiner brotlos machte, trug entscheidend zur Radikalisierung und zur Niederlage der Ciompi bei.

Das Ende

Im Laufe des Monats August verschlechterte sich die ökonomische Situation der Ciompi so sehr, daß sie in einem letzten, verzweifelten Anlauf das Bündnis mit den anderen Kräften aufgaben und auf eigene Faust handelten:

»Das Volk war wütend vor Hunger; denn die Werkstätten blieben geschlossen, und, soweit sie öffneten, wurde nicht gearbeitet. Die *Arte della Lana* aber wollte nichts unternehmen. Deshalb forderten die Ciompi alle Ämter. Und da sie nicht bekommen konnten, was ihnen fehlte, wollten sie rauben, was sie zum Leben brauchten.«[158]

Die Spannungen wurden noch dadurch verschärft, daß die, die durch die Umwälzung der Verhältnisse zu Amt und Würden gelangt waren, eine bemerkenswerte Unsensibilität gegenüber der Lage derer an den Tag legten, deren Interessen sie eigentlich vertreten sollten. Am 21. August waren die Vorbereitungen für die Wahlen zum 1. September abgeschlossen. Die neuen Wahlmänner hatten nichts besseres zu tun, als sich mit einer Reihe von Privilegien auszustatten, was das notleidende Volk auf das Äußerste provozieren mußte:

»Sie beschlossen, daß jeder für sich selbst und einen Begleiter das Recht des Waffentragens haben sollte, um mehr Sicherheit zu haben. Außerdem sollte Ser Andrea, dessen Aufgabe es war, Verbannungen aufzuheben, jedem ein Seitenschwert geben und ihnen, wo immer sie wollten, das Mittagessen servieren. . . . Sie tafelten in der Kirche von Ognissanti mit vielen und üppigen Speisen.
Außerdem gründeten alle diese Wahlmänner zu ihrer Sicherheit eine Genossenschaft und sie schworen auf Leben und Tod alle zusammenbleiben. Als Wappen wollten sie einen goldenen Löwen auf blauem Feld tragen, der das Wappen des Volkes in seiner Pranke hielt und ein Schildchen der Freiheit auf der Brust hatte; das war ihr Abzeichen. Und niemand durfte dieses Wappen tragen, der nicht Mitglied der Genossenschaft war. . . .
Die Bürger, die mit dem, was geschehen war, nicht zufrieden waren, bemerkten, daß das Volk sagte: ›Ihr werdet nie irgendwelche Ämter bekommen, denn diese Kerle wollen alle für sich

selbst. Euch füttern sie mit einem leeren Löffel; deshalb müßt ihr einen Weg finden, dieser Sache ein Ende zu machen.«[159]

Als die Wahlmänner auch noch für ihr Tun nach Diäten aus der ohnehin stark strapazierten Staatskasse verlangten, ging dies selbst Michele di Lando zu weit und die *Signoria* wies das Ansinnen zurück. Den Ciompi andererseits war inzwischen mit letzter Deutlichkeit klar geworden, daß diese machttrunkenen Gesellen nicht die richtigen Leute waren, ihrer Sache zum Sieg zu verhelfen. Am 27. August versammelten sich 200 Mitglieder der Ciompizunft in Camaldoli, das am Rande des Stadtviertels Santo Spirito südlich des Arno liegt[160]. Dies ist die erste Gelegenheit, bei der die Ciompi ganz auf sich gestellt auftraten, unabhängig auch von den beiden anderen neuen Zünften. Die Ciompi wählten zu ihren Sprechern eine Kommission mit acht Mitgliedern, die *Otto Santi del Popolo di Dio*, die Acht Heiligen des Gottesvolkes. Diese Acht Heiligen, deren Bezeichnung Erinnerungen an die Auseinandersetzungen mit dem Papst wecken sollte, waren nun wirkliche Repräsentanten der Ciompi, auch was ihren sozialen Status betraf. Die eigentliche Aktion folgte am 28. August, als die Schar der Entschlossenen auf 5 000 angeschwollen war:

»Das ganze Volk, darunter auch viele Handwerker, kam auf der Piazza San Marco zusammen; dort beratschlagten sie, was für jeden das Beste zu tun sei. Sie beschlossen, eine Petition anzufertigen. Zu diesem Zweck nahmen sie sich einen Notar und diktierten ihm.«[161]

Nach der Versammlung in el Ronco und der Petition vom 21. Juli war dies das dritte und letztemal, daß die Ciompi sich artikulierten. Diesmal erhoben sie folgende Forderungen:

– die Inhaber öffentlicher Ämter sollten kein Gehalt bekommen
– sämtliche Zunftdelegierten, Prioren und Mitglieder der Kollegien sollten »wegen ihres Betrugs [!]«[162] für fünf bzw. zehn Jahre von allen Ämtern ausgeschlossen werden
– das Gehalt der *Otto della guerra* sollte um zwei Drittel gekürzt werden

- Salvestro de' Medici und Giovanni di Mone sollten die ihnen zugesprochenen Belohnungen wieder verlieren
- andererseits sollten einige Parteigänger der Ciompi belohnt werden
- die ganze Dienerschaft der *Signoria* sollte mit einer Ausnahme ersetzt werden
- Ritter sollten in Zukunft von allen Ämtern ausgeschlossen sein
- kein Armer aus den Zünften des *popolo minuto* sollte innerhalb der nächsten zwei Jahre für Schulden von weniger als 50 Florin in Haft genommen werden dürfen
- auf Staatsanleihen sollten zehn Jahre lang keine Rückzahlungen erfolgen

Während sich eine große Menge auf der Piazza della Signoria versammelte und rief »Es lebe der *popolo minuto* und die Zünfte«, wurde im Palast die Petition übergeben. Sowohl die *Signoria* als auch die Kollegien stimmten ihr zu, woraufhin der Kanzler Coluccio Salutati sie besiegelte. Die Menge ließ sich jedoch überreden, mit der Ausführung der Petition zu warten, da sie ohne Zustimmung des Stadtparlaments keine Gültigkeit hätte. Die Aufständischen gaben sich damit zufrieden und zogen sich am Abend nach Santa Maria Novella zurück. Dort wählten sie acht Führer (es ist nicht ganz klar, ob dies nur eine Bestätigung der Wahl der *Otto Santi* war), die »wie die Prioren im Palast wohnen sollten«[163]. Diese Acht sollten mithilfe eines Vetorechts gegen deren Entscheidungen die *Signoria* kontrollieren. Die *Otto Santi* ersannen eine Stadtverfassung, die eine wirksame Kontrolle der Regierung sicherstellen sollte. Über Einzelheiten dieser Verfassung wissen wir leider nichts.

Die nächsten beiden Tage vergingen mit den verschiedensten Verhandlungen, die teilweise einen kuriosen Charakter annahmen. Währenddessen nützte die andere Seite die Zeit und es wurden gegen die Aufständischen, die sich in Santa Maria Novella verschanzt hatten, die wildesten Gerüchte in Umlauf gesetzt. Stefani beispielsweise notiert dies:

»Man sagt auch – ich weiß nicht, ob es wahr ist –, sie hätten die Absicht, durchs ganze Land zu ziehen, zu rauben, zu plündern und alle Reichen und alle anständigen Menschen zu töten, . . . dann die Stadt meistbietend zu verkaufen, mit ihrer Beute nach Siena zu gehen und dort mit ihrem Reichtum zu leben.«[164]

In Siena hatten seit 1375 Leute das Sagen, die ähnliche Ideen hatten wie die Ciompi. Die Verleumder wußten, wovon sie sprachen. Besonders hervor taten sich die Juni- und Julirevolutionäre, die inzwischen Karriere gemacht hatten, denn »Michele di Lando und die etablierten Repräsentanten des *popolo minuto* taten alles, um ihre Ämter und Privilegien zu behalten«[165]. Michele garantierte diesen Leuten ihre Posten und gewann sie damit für seine Sache. Ein Plan zur Niederwerfung der Ciompi wurde ausgearbeitet. Am 29. August wurden die neuen Amtsinhaber für die am 1. September beginnende Periode gewählt. Dies geschah in der üblichen Weise, es wurden mit Namen versehene Zettel aus den Wahlbeuteln gezogen. Die Ciompi, die nunmehr entschlossen waren, ihre Sache selbst in die Hand zu nehmen, versammelten sich während des Wahlvorgangs auf der Piazza della Signoria und riefen bei etlichen der gezogenen Namen: »Den wollen wir nicht! Zerreißen, zerreißen!«[166] Daraufhin nahm man andere Leute, was einen glatten Verfassungsbruch darstellte. Den Neugewählten wurde am folgenden Tag, unter der Drohung, sie aus dem Fenster zu werfen, das Versprechen abgenommen, die Petition zu verwirklichen. Am 31. August sollte dieser Vorgang wiederholt werden, da am Vortage einige der Gewählten gefehlt hatten. Doch Michele di Lando war inzwischen soweit. Als die beiden Vertreter der *Otto Santi* den Palast betraten, nahmen die Ereignisse ihren Lauf:

»Michele di Lando, der *Gonfaloniere di Giustizia,* sagte: ›Wartet einen Augenblick, bis ich zurückkomme.‹ Er ging schnell in sein Zimmer, um sich zu bewaffnen, und trat wieder heraus mit dem Ruf: ›Wo sind die Verräter?‹ Er trat mit dem blanken Schwert hinter die beiden, traf am oberen Treppenabsatz mit ihnen zusammen, schlug einen auf den Kopf und ließ ihn die Treppe hinunterpurzeln. Dann traf er einen armen Burschen, der gerade Wein brachte, und durchbohrte ihn so, daß er nach hinten fiel und sofort starb. Den anderen Abgesandten schlug er mit einem Degen nieder . . .«[167]

Als die Ciompi von diesem Vorgang erfuhren, strömten sie

auf der Piazza della Signoria zusammen. Dort wurden sie von den Milizen der Bezirke umzingelt, die Michele di Lando unter Mithilfe von Benedetto degli Alberti zusammengetrommelt hatte. Zuerst wurde verhandelt. Doch als sich ein Schuß aus einer Armbrust löste, begann eine gewaltsame Auseinandersetzung. Die Ciompi wurden schließlich überwältigt, »unter dem Steinhagel von Prioren und Mitgliedern der Wollenzunft endete für sie der Traum von einer gerechteren Regierung«[168]. Als die Ciompi begannen, sich ernsthaft für die Verwirklichung ihrer Forderungen einzusetzen, wandten sich ihre Freunde, die Bankiers, und die Demagogen von ihnen ab. Denn diese hatten zwar gern den Druck der Straße im Rücken, doch an einer wirklichen Umwälzung der Verhältnisse war ihnen nicht gelegen. Oberhaupt derer, die auf wessen Kosten auch immer bestrebt waren, sich im Sattel zu halten, war Michele di Lando – erst der Radikalsten einer, nun Anführer des reaktionären Gegenschlages:

»Michele di Lando, dessen strahlendes Äußeres in auffallendem Gegensatz zu seinem Charakter stand, war einer jener typischen ›Revolutionäre‹, die das aufstrebende Bürgertum in den ersten Jahrhunderten der Geschichte des Kapitalismus immer wieder hervorbrachte. Die Bourgeoisie bedurfte der Mobilisierung der Straße zur Durchsetzung ihrer Ziele gegen die alten Feudalkräfte, denn aus dem Elend der Massen gewann die Rhetorik dieser Führer ihr soziales Pathos, das es vermocht hat, so viele Revolten der Unterdrückten zum Scheitern zu führen.«[169]

Arten der Hinrichtung, Darstellung des 15. Jahrhunderts

Nachspiel

Am folgenden Tag, am 1. September, traten die neuen Prioren ihr Amt an. Als erstes wurde eine Neuverteilung der Ämter vorgenommen, weil man beschlossen hatte, »daß kein Ciompo ein Amt bekleiden solle«[170], und die auf diese Weise freiwerdenden Posten besetzt werden mußten. Die *Arte del Popolo minuto* wurde aufgelöst. Das Banner der Ciompi wurde aus dem Palast der auf dem Platz wartenden Menge zugeworfen, die es mit Füßen trat und in Stücke riß. Die Armbrustschützenmiliz wurde wieder aufgelöst. Die Milizionäre mußten den empfangenen Sold zurückzahlen, andernfalls wurde ihnen ein Fuß abgehackt. Dafür wurde am September eine neue Polizeikommission, die *Otto di Guardia*, gebildet zur »Konsolidierung der neuen Regierung«[171]. Viele Ciompi flohen aus der Stadt, andere wurden Opfer der einsetzenden Verfolgungen.

Das neue Regime war beherrscht von den *arti minori*. Diese kleinbürgerliche »Fortführung« des hoffnungsvoll begonnenen Ciompiaufstandes konnte sich noch bis Januar 1382 behaupten. Die Zeit der Kleinbürgerherrschaft war alles andere als ruhig, denn sie war ständigen Anfechtungen ausgesetzt. Sowohl die Ciompi als auch der Adel starteten – gelegentlich gemeinsam – immer wieder Aufstandsversuche, die aber erfolglos blieben. Die politische Niederlage brachte diese beiden so gegensätzlichen Kräfte in eine gemeinsame Front. Hinter dem Rücken der von den *arti minori* geführten Regierung gelang es unterdessen der deklassierten Oligarchie, eine Position nach der anderen zurückzuerobern. Die *Arte della Lana* hatte dabei eine Schrittmacherfunktion. Am 24. 1. 1379 wurde zum Beispiel die verhaßte Institution des *ufficiale forestiere* wieder eingeführt.

Am 20. 1. 1382 schließlich sahen die *lanaioli* ihre Stunde gekommen; sie richteten eine Petition an die *Signoria*. Sie hielten sich nicht mit langen Vorreden auf, sondern forderten nur, daß 1. alle »Opfer« der letzten dreieinhalb

Sir John Hawkwood, Fresko von Paolo Uccello im Dom von Florenz

Jahre wieder zu Amt und Würden gelangen sollten, 2. die beiden noch bestehenden neuen Zünfte zu liquidieren seien und 3. die Ämterparität neu, d.h. zu ihren Gunsten, zu regeln sei.

Es gab einige Auseinandersetzungen und nach fünf Tagen hatte die *Arte della Lana* sich durchgesetzt. Bei den Straßenkämpfen bediente sie sich unter anderem 150 Söldner, die sie von John Hawkwood ausgeliehen hatte. Hawkwood war es gewesen, der einige Jahre zuvor noch in Diensten den Papstes gestanden und 1375 florentiner Territorium verwüstet hatte. Im Januar 1379 war er für ein Startgeld von 5000 Florin *capitano di guerra* der Republik Florenz geworden. Der Condottiere Hawkwood hatte zuerst für Edward III. gegen Frankreich gekämpft, dann für den Marquis von Monferrato gegen Mailand, anschließend für Pisa gegen Florenz und schließlich für den Papst gegen die Visconti. Nun stand er unter Vertrag mit der kleinbürgerlichen *Signoria*. Doch als es ernst wurde, im Januar 1382, zögerte Hawkwood nicht, Verrat zu üben. Er sah den Erfolg der reaktionären Kräfte voraus und verhielt sich abwartend, wodurch er nicht unwesentlich zu ihrem Sieg beitrug. Mit den neuen Herren der Stadt verstand Hawkwood sich ausgezeichnet. Er blieb bis zum Ende seines Lebens in florentinischen Diensten und stieg zu höchsten Ehren auf. Er wurde Ehrenbürger von Florenz und bekam sogar – was kann es in der Welt des Profits für eine höhere Ehre geben – das Privileg der Steuerfreiheit.

Elend, Unzufriedenheit und Unruhe gab es natürlich auch nach 1382, doch hatte der *popolo minuto* keine Chance mehr, sich durchzusetzen. 1393 lief das Volk in den Straßen zusammen unter der alten Parole: »Es lebe das Volk und die Zünfte.« Nach Straßenkämpfen, die eine Woche dauerten, wurde der Aufstand in Verbannungen und Exekutionen erstickt. 1411 endete ein ähnliches Unternehmen ebenfalls auf dem Schafott. Trotz der niemals endenden Versuche der Ciompi, für ihr entsagungsvolles Los Abhilfe zu schaffen, blieb der Aufstand des Jahres 1378 ihre wichtigste, bewußteste und – für einen kurzen Augenblick wenigstens – erfolgreichste Erhebung.

Die berühmtesten Juristen der Zeit, Seite aus einem Kodex

Coluccio Salutati

Zum Schluß soll noch ein Mann erwähnt werden, dessen Bedeutung weitaus größer ist als sein heutiger Bekanntheitsgrad. Außerdem gelang ihm das Kunststück, während all der Jahre auf seinem Sessel zu bleiben, und das im doppelten Sinne des Wortes. Salutati, von Beruf Anwalt, war neben Boccaccio der bedeutendste Schüler Petrarcas. Er wurde 1331 in Stignano geboren. Sein Vater war einer der Führer der Guelfen am Ort. Als diese gestürzt wurden, mußte die Familie nach Bologna ins Exil gehen. Coluccio Salutati war seit Mitte der 1350er Jahre in öffentlichen Ämtern tätig und wurde 1375, kurz vor dem Ausbruch des Krieges mit dem Papst, zum Kanzler der Republik Florenz gewählt. Dieses Amt hatte er bis zu seinem Tode im Jahr 1406 inne.

Im Gegensatz zur *Signoria,* deren Zusammensetzung alle zwei Monate wechselte, hatte der ihr zugeordnete Kanzler eine Lebensstellung. Salutatis Gehalt betrug 100 Florin im Jahr, dazu kamen andere Einkünfte in fünffacher Höhe, was ihn zu einem der reichsten Bürger von Florenz machte[172]. Salutati gehörte ebenso wie sein Nachfolger Leonardo Bruni zu dem ersten, der vita activa verpflichteten Kreis von Humanisten, dem »Paradiso degli Alberti« im Kloster Santo Spirito, das in dem Teil der Stadt südlich des Arno lag. Er war ein Anwalt des bürgerlichen Individualismus und ein Repräsentant der akademisch geschulten Staatsbürokratie. Als Jurist war Salutati ein Apologet des positiven Rechts und vertrat insofern eine dem Handelsbürgertum adäquate Position:

»Der Humanismus Salutatis stellt . . . den Menschen nicht in einen dem realen Leben fernen, ästhetischen Raum . . ., sondern er versteht die Frage nach der ›humanitas‹, der Verwirklichung des Menschen, als Frage nach der Aufgabe des Menschen in seiner realen historischen Situation.«[173]

Selbstverwirklichung des Menschen meint hier die nicht von traditionellen Standesschranken gehemmte Entfaltung des bürgerlichen Handels- und Wucherkapitals. Die

Humanisten hatten dafür die ideologische Legitimation zu liefern. Ein berühmtes Beispiel ist Konrad Peutinger, der die Firma Fugger & Co. bei den zahlreichen Gerichtsverfahren vertrat, die wegen ihrer wirtschaftlichen Monopolstellung gegen sie angestrengt wurden. Nur konsequent ist, daß Salutati der überkommenen akademischen Bildung der sieben freien Künste den Primat der Jurisprudenz entgegensetzt. Gesetztes Recht ist von erster Wichtigkeit für das menschliche Leben:

>Die Gesetze stehen über dem sogenannten moralischen und aktiven Leben, weil dieses die menschlichen Handlungen betrifft, und die Gesetze die allgemeine Sinngebung der menschlichen Handlungen sind.«[174]

Dieser neue Ansatz, der »eine praxisbezogene Philosophie mit der Rechtsprechung identifizierte«[175], schuf den formalen Rahmen für die sozialen Beziehungen der kapitalistischen Gesellschaft. Ihm entsprach der freie, d.h. ungeregelte Markt der Arbeitskräfte, auf den die von ihren feudalen Fesseln Befreiten geworfen wurden. Für Salutati ist »Gegenstand der Gesetzeskunst . . . das bürgerliche Handeln des Menschen«[176], d.h. alle Menschen sind Subjekte der gleichen Gesetzesordnung, die zum Ziel hat, Regeln für ihr »bürgerliches Handeln« zu setzen. Alle Menschen sind – formal – vor dem Gesetz gleich, damit aber, angesichts ihrer völlig unterschiedlichen praktischen Möglichkeiten, in Wirklichkeit ungleich.

Coluccio Salutati, nach Petrarcas Tod »Führer der italienischen Intelligenz«[177], verhielt sich während des Ciompiaufstandes hauptsächlich abwartend. Die Chroniken erwähnen ihn überhaupt nur zweimal. Einmal, als er am 28. August 1378 die Petition der Ciompi besiegelte. Zuvor schon wird vermerkt, daß er sich am 20. Juli, als der eigentliche Aufstand begann, in der Kirche Santa Croce versteckte[178]. Doch bald war klar, daß ihm niemand ans Leder wollte, und Salutati kehrte in seine Kanzlei zurück, deren Mitarbeiter während des gesamten Aufstandes weiter ihr Amt ausübten. Salutati und die anderen »gaben den Handlungen der Ciompi die rechtsgültige Form«[179]. Sie befleißigten sich dabei der Leidenschaftslosigkeit des Akademikers, so

daß es Salutati nach dem Sturz der Ciompi keine Schwierigkeiten machte, sich in die wiederum veränderten politischen Verhältnisse einzufinden. Vielmehr wurden ihm »alle Ämter, Privilegien und Einkünfte, die er bis dahin genos-
sen hatte« ausdrücklich bestätigt[180]. In jeder Situation hatte Salutati die florentiner Außenpolitik rethorisch zu recht-
fertigen[181], was ihm oft erstaunliche Wendungen abnötigte.
Daß er dabei immer erfolgreich war, zeichnet ihn vor vielen
anderen aus. Diesen Tatbestand zu würdigen, wollen wir
abschließend einem Historiker der alten Schule das Wort
überlassen, denn so schön wie er kann es keiner sagen:

»Im Frühjahr 1378 war es in Florenz zu einer blutigen Revolution
der kleinen Besitzlosen gegen die Signoren gekommen. Hierbei
zeigte sich Coluccio in einer Weise, die nicht gerade den stoischen
Grundsätzen Senecas entsprach: er rühmte die neuen demagogi-
schen Herren in der kurzen Zeit ihrer Herrschaft als milde und
fürtreffliche Männer; sobald sie aber grundsätzlich gestürzt waren, so spricht er von ihnen als scheußlichen und niedrigen Unge-
heuern, welche die herrliche Republik der Florentiner gefährde-
ten. Eine menschliche Schwäche, wie sie die Stellung eines Beamten leicht mit sich bringt, und welche die Nachwelt an dem wirklich schönen und männlichen Bilde Salutatis gerne vermissen
möchte.«[182]

Kurz gesagt: Salutati lebte immer nach der Devise, »daß
der Beamte in seiner Amtsführung Verantwortung für diesen Staat, für ›seinen‹ Staat zu tragen bereit ist, daß er sich
in dem Staat, dem er dienen soll, zu Hause fühlt – jetzt
und jederzeit ...«[183].

Schlußbemerkung

Nachdem eine herrschaftsorientierte Geschichtsschreibung jahrhundertelang den Aufstand der Ciompi zu einer beliebigen Entäußerung des »Pöbels« herabgewürdigt hatte, neigten die liberalen Historiker des späteren 19. Jahrhunderts wiederum dazu, das Ereignis zu überschätzen. Denn daß die Aktionen der florentiner Wollarbeiter »ihre weltgeschichtliche Bedeutung gewinnen als die erste große Emanzipationsbewegung des industriellen Proletariats«[184], kann man bei aller Neigung, die Bedeutung dieses Aufstandes zu betonen, wohl nicht sagen. Andererseits ist der Ciompiaufstand doch deutlich herausgehoben aus der Reihe der innerstädtischen Auseinandersetzungen in jener Zeit. Mit vielen dieser Auseinandersetzungen teilt er aber das Schicksal, daß es nicht gelang, Verbindung zum Land (wo ja drei Viertel der Bevölkerung lebten) herzustellen.

Bereits am 20. Juni 1378 forderte die *Signoria* alle Bauern, die sich in der Stadt aufhielten, ultimativ auf, in ihre Dörfer zurückzukehren. Diese Anordnung war offenbar erfolgreich. Von Abordnungen des Umlandes hören wir erst am 31. August, und da kämpften sie auf der Seite der Reaktion. Dahinter standen allerdings auch reale Gegensätze. Mit der allmählichen Auflösung der ursprünglichen Feudalverfassung beginnt die ökonomische Ausbeutung des Landes durch die Stadt, die Marx im dritten Band des »Kapital« analysiert hat. Dabei reagierte die Stadt immer dann restriktiv, wenn sie in die Defensive geraten war. In Flandern zum Beispiel war die Erhebung von 1323/28 noch durch die Kooperation zwischen Stadt und Land gekennzeichnet, später überwogen die Gegensätze: Die Städte versuchten, ihrem ökonomischen Niedergang dadurch zu begegnen, daß sie sich die ländliche Konkurrenz durch Produktionsverbote vom Hals schafften.

Im Gegensatz zu Florenz stehen in Flandern – ähnlich wie in Deutschland – Weber und Walker an der Spitze der Erhebungen. Daraus die Inferiorität des Ciompiaufstandes gegenüber den flandrischen und deutschen Zunftkämpfen abzuleiten[185], erscheint mir absurd. Gerade umgekehrt wird ein Schuh daraus: Während in Gent, Brügge, Straßburg, Augsburg usw. noch zünftige Handwerker die Aufständischen anführten, ist der Ciompiaufstand bereits eine Bewegung von Lohnarbeitern[186], was sich durch den besonders fortgeschrittenen Stand der Produktivkräfte in der Toskana erklärt. Gerade wenn der Einwand richtig ist, daß die Kleinhandwerker noch die zahlenmäßig stärkste Klasse waren[187], so ist entscheidend, daß es in der dritten Phase, als sie sich verraten fühlten, den Arbeitern (den Ciompi also) gelang, die Führung des Aufstandes an sich zu reißen. Nach wie vor richtig ist, was der erste moderne Autor über den Ciompiaufstand geschrieben hat:

»Man kann daher sagen, daß die Erhebung der Ciompi, die der aufsehenerregenste Aufruhr im florentinischen Staat gewesen ist, den Krieg des niederen Volkes gegen die großen Popolanen signalisiert hat.«[188]

Webstuhl, 15. Jahrhundert

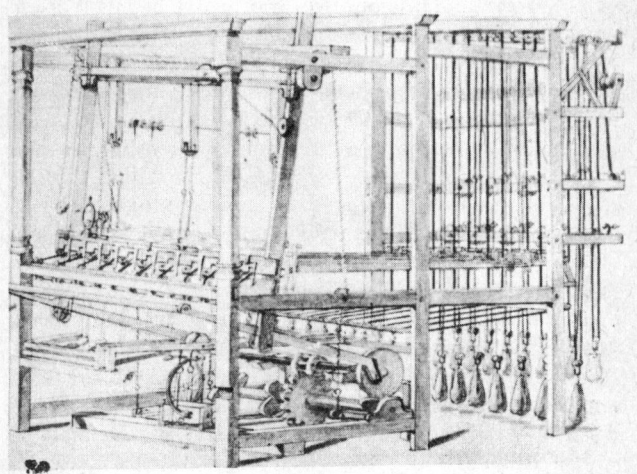

Auf den Spuren der Ciompi:
Hinweis für Reisende

ESSEN UND TRINKEN[189]. Leider ist hier nicht der Ort, die Vorzüge der toskanischen Küche zu rühmen. Aber zur Zeit der Ciompi sah der Speisezettel ohnehin ganz anders aus, und der ihre schon gar. Reis, Kartoffeln und Mais waren noch unbekannt und auch die heute für die italienische Küche so typische *pasta* war noch nicht gebräuchlich. Hauptnahrungsmittel waren, besonders für die Armen (und das waren die meisten), Brot und Wein.

Pro Kopf der Bevölkerung wurde im Durchschnitt täglich ein Dreiviertelliter Wein getrunken, bei den Armen natürlich weniger, bei den Reichen entsprechend mehr. Dies ist erheblich mehr als der heutige Weinkonsum, aber Wein war damals fast das einzige Getränk überhaupt. Bier wurde in Italien kaum getrunken. Um zu überleben, waren etwa 650 Gramm Brot am Tag notwendig und der durchschnittliche Brotverbrauch der Armen lag nur wenig darüber. In Notzeiten buk die Stadt selbst Brot aus für die notleidende Bevölkerung, doch konnte sie pro Kopf nicht mehr als 400 Gramm abgeben, was für sich genommen nicht ausreichte. Das gute Brot war das weiße aus Weizen, doch die meisten mußten nur zu oft mit schwarzem Brot Vorlieb nehmen, das aus Roggen oder Gerste und manchmal sogar Hafer hergestellt wurde, wobei zur Streckung des Mehls alles Mögliche beigemischt wurde. Ergänzt wurde das karge Mahl der Ciompifamilie durch Suppen und etwas Gemüse, vor allem Knoblauchtunken und Porreesalate. Der durchschnittliche Prokopfverbrauch der Gesamtbevölkerung an Obst und Gemüse lag bei 350 Gramm täglich. Dies ist weniger als heute, was vor allem daran liegt, daß man noch keine Tomaten kannte. Der Obstverkauf war an sich ein einträgliches Geschäft, die Palette der Früchte war groß.

Der Verbrauch an Fleisch, vor allem vom Schwein, betrug durchschnittlich (einschließlich aller Gelage der herrschenden Klasse) 100 Gramm am Tag. Als größte Delikatesse galten Tauben. Doch die Ärmeren konnten sich schon

Obstverkäufer

glücklich schätzen, wenn sie eine Scheibe Speck ergatterten. Höchstens zu hohen kirchlichen Feiertagen wurde ein Schwein oder Hühner geschlachtet. Schweineschmalz diente auch als Brotaufstrich. Während der häufigen Hungersnöte rekrutierte sich die Fleischration des Mannes von der Straße überhaupt nur aus Katzen oder – wenn es noch schlimmer wurde – aus Mäusen. Fisch wurde hauptsächlich am Freitag und Samstag, zur Beachtung der Fastenvorschriften, gegessen. Ein unverzichtbares Grundnahrungsmittel war auch das Salz, im Durchschnitt verbrauchte jeder Florentiner im Jahr fünfeinhalb Kilo. Das Monopol für den Verkauf hatte die Kommune (heute der Staat); zu Villanis Zeiten brachte das 14 - 15.000 Florin im Jahr. Die außerordentlich unsoziale Verbrauchssteuer auf Salz, die jedermann gleich belastet, besteht in Italien noch heute. Zu erwähnen sind noch das Olivenöl, das auch zum Kochen verwendet wurde, und der Honig, der universeller Süßstoff war. Gegessen wurde zweimal täglich: Vormittags vor elf Uhr und noch einmal kurz vor Sonnenuntergang. Doch für den Ciompo, der von frühmorgens bis spät in seiner Werkstatt stand, war das nur graue Theorie. Meistens hatte er ohnehin kaum genug zu essen, und das wenige mußte er bei irgendwelchen Gelegenheiten in sich hineinschlingen.

FLORENZ Wenn man die Stadt betrachtet, ist man naturgemäß in erster Linie mit der baulichen Überlieferung der Herrschenden konfrontiert. Die in unserem Zusammenhang wichtigen Bauten sind dabei im wesentlichen dieselben wie die allgemein zu nennenden Sehenswürdigkeiten, mit Ausnahme des Domes, der zur Zeit des Ciompi-aufstandes noch nicht gebaut war. Der weitaus beste Stadtführer ist: Firenze. Guida alla città, Torino 1976, aus der Serie »Guide Univis«. (Neuerdings gibt es auch eine deutsche Ausgabe.) Dieser Führer überwindet die stilgeschichtliche Betrachtungsweise, mit der uns die Firma Reclam seit Jahrzehnten langweilt, erklärt jedes Gebäude aus seinem urbanistischen Zusammenhang und gibt gute historische Informationen; ergänzt wird dies durch reiches Abbildungs- und Kartenmaterial.
Der wichtigste Profanbau in Florenz ist zweifellos der Palazzo Vecchio, in dem nicht nur die *Signoria* tagte (nach ihr ist heute der vorgelagerte Platz benannt), sondern auch die beiden Räte des Stadtparlaments. D.h. dem Palazzo Vecchio entspricht in etwa das deutsche Rathaus. Auch der Palazzo der *Parte Guelfa* ist erhalten, so wie er bis ins 16. Jahrhundert hinein verändert worden ist. Zu besichtigen ist er allerdings nicht, da auch heute noch die verschiedensten Behörden dort untergebracht sind. Symbol des kommunalen Repressionsapparats ist der Bargello, benannt nach seinem wichtigsten Bewohner, dem *bargello*, was »Polizeihauptmann« heißt. Dieser gewaltige Bau, der 1255 zur Repräsentation bürgerlichen Regiments begonnen wurde, beherbergt heute das Museo Nazionale. Im ersten Stock ist die Capella del Podestà, in der die Delinquenten die Stunde ihres Todes zu erwarten hatten. Das Schuldgefängnis war anderweitig untergebracht, in den Carceri delle Stinche, die aber nicht erhalten sind. Dafür gibt es dort heute das beste Eis von Florenz (»Vivoli«, Via delle Stinche 7r). Wer sich für Wohnkultur interessiert,

geht in das Museo della Casa Fiorentina Antica, das im Palazzo Davanzati untergebracht ist. Außerdem sei noch verwiesen auf das weniger bekannte Museum »Firenze com'era« (Via dell' Oriuolo 24). Hier ist eine Sammlung von Stadtplänen und Ansichten zu sehen, beginnend mit einer riesigen Wiedergabe des sog. Kettenplans vom Ende des 15. Jahrhunderts bis zu Plänen von den Modernisierungsvorhaben des letzten Jahrhunderts.

WOLLENTUCHINDUSTRIE Von den zahlreichen Besitzungen der *Arte della Lana* ist noch der 1905 restaurierte Palazzo erhalten (Via Orsanmichele), in dem es aber nichts zu sehen gibt. Direkt gegenüber ist das Orsanmichele. Hier war seit 1240 der so bedeutsame Getreidemarkt. Das heutige Gebäude wurde 1307 begonnen. Es repräsentiert zugleich die *arti maggiori e minori*. Jede Zunft erhielt einen Pfeiler der Loggia, in der das Getreide verkauft wurde, zur Ausgestaltung und stellte dort eine Statue ihres Schutzheiligen auf. Zur Zeit des Ciompiaufstandes hatte man gerade begonnen, die Loggia mit dreibogigen gotischen Fenstern zu schließen. Der Getreidemarkt wurde an einen anderen Ort verlegt. Gleichzeitig wurde in den oberen Stockwerken des Orsanmichele ein Getreidemagazin für Notzeiten angelegt. Das historische Zentrum von Florenz mit dem Mercato Vecchio, dem alten Markt, wurde leider Ende des letzten Jahrhunderts zerstört[190]. Stattdessen haben wir heute ein rechtwinkliges Straßenraster mit der ebenso monströsen wie häßlichen Piazza della Repubblica in der Mitte, die wie ein rechteckiger Bombentrichter wirkt.
Die Wollentuchwerkstätten der Humiliaten, die in der ersten Zeit Bedeutung hatten, waren um das Kloster Ognissanti gruppiert. Später waren die Werkstätten der *Arte della Lana* so zahlreich, daß sie über die ganze Stadt verstreut waren; besonders konzentriert war die Tuchproduktion im Ostteil von Florenz (Quartier Santa Croce). Die Plätze, auf denen die Tücher gespannt und gestreckt wurden, lagen teilweise im Stadtinneren, so daß sie heute überbaut sind. Zu sehen ist noch die Sandbank westlich dem Ponte S. Niccolò. Auf dieser Sandbank befanden sich zahllose Spannplätze. In dieser Gegend wurden auch ande-

re Arbeitsgänge durchgeführt, insbesondere die Woll- und Tuchreinigung, für die das Arnowasser benutzt wurde. Ebenso konzentrierten sich hier naturgemäß die Färber; der Straßenname Corso dei Tintori zeugt noch davon. Die Walkmühlen, die häufig mit Kornmühlen gekoppelt waren, befanden sich meist außerhalb der Stadt. Noch zu sehen ist eine solche Mühle in Remole. Dieser Ort liegt an der N 67 in Richtung Pontassieve, kurz hinter Sieci.

Die Textilindustrie ist auch heute noch eine der wichtigsten Exportindustrien Italiens; auf sie entfallen ein Viertel aller Arbeitsplätze in der Fertigungsindustrie. Nicht Florenz ist allerdings das Zentrum der Textilproduktion in der Toskana, sondern das 15 Kilometer nordöstlich gelegene Prato[191]. Dort werden Textilien aller Art in hunderten, meist kleinen Firmen produziert, an denen die Wirtschaftskrise bisher relativ spurlos vorübergegangen ist. Die Textilproduktion in und um Prato ist so bedeutend, daß 1971 durch Gesetz eine eigene Gebietskörperschaft, die »Textilzone von Prato«, geschaffen wurde.

Ein »Denkmal«, das von den Ciompi blieb, ist die Tafel an einem Haus Ecke Via Nazionale und Via Guelfa:

PRESSO QUESTO PALAGETTO
DI MESSER STEFANO DI BROYE CANONICO FIOREN-
TINO
FATTA MASSA I CIOMPI IN RIVOLTA
LA NOTTE DEL XXI LUGLIO MCCCLXXVIII
CON LE CAPITUDINI DELLE ARTI CONSULTARONO
E POICHE FURONO DISFATTI
IL DIFENSORE DEL POPOLO
BERTRANDO D'ANDREA DA FAENZA
CHIAMATO A TENERLI IN FRENO
QUI EBBE SEDE

Bei diesem Palast
des Herrn Stefano di Broye, Kanoniker in Florenz,
haben die Ciompi sich zum Aufruhr zusammengerottet.
In der Nacht des 21. Juli 1378
berieten sie sich mit den Führern der Zünfte,
aber, nachdem sie geschlagen worden waren,
hatte der Verteidiger des Volkes
Bertrando d'Andrea aus Faenza,
gerufen, sie zu bremsen,
hier seinen Sitz.

(Wer mag, besuche das ›Ristorante da Toto‹ an der Ecke Borgo S. S. Apostoli/Chiasso di Manetto; dort befindet sich im Lokal folgende Inschrift: QUI FU LA LOGGIA DE BUONDEL MONTI ARSA DAL POPOLO MINUTO TUMULTUANTE NELLA SOLLEVAZIONE DE' CIOMPI L'ANNO MCCCLXXVIII INDI IN PARTE RISARCITA E FINAL-MENTE RIDOTTO AD ALTRA USO QUEST'ANNO MDCCXVIII [Hier war die Loggia von Buondelmonte, niederge-brannt in der Erhebung der Ciompi im Jahre 1378, dann zum Teil wiederhergestellt und schließlich einem anderen Zweck zugeführt in diesem Jahr 1718]. Messer Benghi di Buondelmonte, ein Patrizier, war kurze Zeit später bemerkenswerterweise einer der beiden Anführer eines Aufstandsversuchs der geschlagenen Ciompi. — Der »andere Zweck«, von dem die Inschrift spricht, ist das heutige Restaurant, in dem man, zu vernünftigen Preisen, sich ein Essen nach Art der Ciompi zusammenstellen kann — freilich immer noch ein Festtagsessen. Wein: Chianti classico aus der fattoria case nuove des Pietro Pandolfini).

Mercato Vecchio, 16. Jahrhundert

Zeittafel

1250 Tod Friedrichs II., Erhebung des Großbürgertums (*popolo grasso*)

1252 Prägung des ersten Florin (Goldgulden), Währung vor allem für den Fernhandel

1282 Sieg des *popolo grasso* über den Adel; die oberste Behörde *(Signoria)* rekrutiert sich aus den *arti maggiori*

1293 *Ordinamenti della Giustizia,* Verlust der politischen Rechte für den Adel

1342/46 Bankenkrise

1342 September: Walter von Brienne, Titularherzog von Athen, wird zum Signore auf Lebenszeit ernannt.

1343 Juli: Sturz Walters von Brienne
September: *governo popolare*

1345 Hinrichtung des Arbeiterführers Ciuto Brandini

1347/48 Ökonomische und demographische Krise (Schwarzer Tod)

1362/64 Krieg gegen Pisa

1368 Ende der wirtschaftlichen Konjunktur, die der Krise folgte

1370 Streik der Färber

1375 Mai: Plünderungen John Hawkwoods im Umland von Florenz
Juni: Wahl der Kommission der *Otto Santi*
Juli: Florenz schließt ein Bündnis mit Bernabò Visconti
August: Wahl der Kommission der *Otto della guerra*

1376 März: Der Papst verhängt über Florenz das Interdikt

1378 Januar: Beginn des »guelfischen Terrors«
März: Tod Papst Gregors XI.

1378 28.4.: Wahl Salvestro de' Medicis zum *Gonfaloniere di Giustizia*
1.5.: Amtsantritt Salvestros
14.6.: Die beiden letzten guelfischen Proskriptionen erreichen erst bei der dreiundzwanzigsten Abstimmung das Ziel
18.6.: Salvestro versucht das Stadtparlament auf einen antiguelfischen Kurs festzulegen; Beginn der ersten Phase des Ciompiaufstandes
22.6.: Die Aufständischen brennen die Häuser einiger führender Guelfen nieder und öffnen das Stadtgefängnis
23.6.: Eine 81köpfige Kommission mit besonderen Vollmachten zur Reform der Stadtverfassung wird eingesetzt
1.7.: Ende der Arbeit der Kommission, Beginn des neuen Priorats
9.7.: Petition der *arti minori*
18.7.: Friedensschluß mit dem Papst; die Verschwörung der in el Ronco versammelten Arbeiter und Handwerker

wird aufgedeckt; Beginn der zweiten Phase des Ciompiaufstandes

20.7.: Die Aufständischen besetzen die Piazza della Signoria, beschießen den Palazzo Vecchio, erreichen die Freilassung der verhafteten Verschwörer und brennen die Paläste ihrer verhaßtesten Gegner nieder

21.7.: Die Aufständischen erobern den Bargello, sie präsentieren dem Stadtparlament drei Petitionen mit ihren Forderungen

22.7.: Die Aufständischen erobern den Palazzo Vecchio und wählen Michele di Lando zum *Gonfaloniere di Giustizia*

23.7.: Einsetzung neuer Prioren für den Rest der laufenden Amtszeit

29.7.: Bildung von drei neuen Zünften, darunter einer *Arte del Popolo minuto*

27.8.: Versammlung von 200 Ciompi in Camaldoli, Wahl der *Otto Santi del Popolo di Dio*, Beginn der dritten Phase des Ciompiaufstandes

28.8.: 5000 Bewaffnete versammeln sich auf der Piazza San Marco und verabschieden eine Petition

29.8.: Wahl einer neuen Regierung, die Gewählten versprechen die Ausführung der Petition

31.8.: Niederwerfung der Ciompi

1.9.: Beginn des neuen Priorats, Auflösung der *Arte del Popolo minuto*

5.9.: Hinrichtung von zwei Ciompiführern

16.9.: Prozeß gegen Michele di Lando und die früheren Prioren

21.9.: Bestätigung der Statuten der beiden verbleibenden neuen Zünfte

28.9.: Freispruch Michele di Landos und der Prioren

1382 Januar: Endgültiger Sieg der alten Kräfte, Auflösung der beiden verbliebenen neuen Zünfte, Salvestro de' Medici und andere Repräsentanten der Aufständischen werden verbannt

Anmerkungen

Für vielfältige Hilfe und Anregungen bei der Erstellung und Durchsicht des Manuskripts danke ich Jan-Heeren Grevemeyer, Georg Holmsten, Ingrid Holzapfel, Irene Hueck, Volker Hunecke, Ralf Märtin, Massimo Maggini, Katrin Meschkowski, Wolfgang Nocke, Herrn Tidow, Ingo F. Walther und den stets hilfsbereiten Mitarbeitern der Universitätsbibliothek der FU Berlin. Gewidmet ist dieses Buch meinem Freund Michael Bock.

[1] K. Kautsky, Vorläufer des neueren Sozialismus, Bd. 1: Kommunistische Bewegungen im Mittelalter, [6]1921, 147, Hervorheb. orig.

[2] E. Maschke, Verfassung und soziale Kräfte in der deutschen Stadt des späten Mittelalters, vornehmlich in Oberdeutschland, Vierteljahrschrift für Sozial- und Wirtschaftsgeschichte 46, 1959, 299

[3] K. Kautsky, a.a.O., 160, beide Hervorheb. orig.

[4] Zur Verfassung G. Brucker, Florentine Politics and Society 1343 - 78, 1962, 57 ff

[5] Es braucht nicht besonders betont zu werden, daß Frauen von jeder politischen Betätigung ausgeschlossen waren.

[6] M.E. Wolfgang, Political Crimes and Punishments in Renaissance Florence, Journal of Criminal Law, Criminology and Police Science 44, 1954, 563 f

[7] P. Herde, Politik und Rhetorik in Florenz am Vorabend der Renaissance. Die ideologische Rechtfertigung der florentiner Außenpolitik durch Coluccio Salutati, Archiv für Kulturgeschichte 47, 1965, 145

[8] Im Folgenden wird der Begriff in der hier gegebenen soziologischen, nicht in der zeitgenössischen, juristischen Definition gebraucht.

[9] A. Doren, Italienische Wirtschaftsgeschichte, Bd. 1, 1934, 509 f

[10] A. Acciaioli, Cronaca, in: Il Tumulto dei Ciompi. Cronache e Memorie, hg. v. G. Scaramella, 1917 - 34, 13 Anm. Acciaioli, dessen Autorschaft allerdings umstritten ist, war zur Zeit des Ciompiaufstandes einer der acht Prioren.

[11] G. Rezasco, Dizionario del linguaggio italiano storico ed amministrativo, (1881) ND 1966, 202

[12] G. Villani, Istorie Fiorentine, hg. v. Giusti, Ferrario u.a., Bd. 7, 1803, 203

[13] Zuletzt von H. Hoshino (Per la storia dell' Arte della Lana in Firenze nel Trecento e nel Quattrocento, Annuario del Istituto Giapponese di Cultura in Roma 10, 1972/73, 33 ff), dessen Überlegungen mich aber insbesondere für die Zeit vor 1348 nicht überzeugen.

[14] M. Stefani, Cronaca fiorentina, hg. v. N. Rodolico, 1903, 199

[15] G. Villani, a.a.O., Bd. 8, 1803, 61

[16] Zu betonen ist aber entgegen einer weitverbreiteten Annahme, die sich vor allem auf die Chroniken stützt, daß sie dennoch immer in der Minderheit blieben. Dazu M. Becker/G. Brucker, The Arti Minori in Florentine Politics 1342 - 78, Medieval Studies 18, 1956, 93 ff

[17] G. Villani, a.a.O., Bd. 8, 1803, 114

[18] M. Stefani, a.a.O., 201

[19] G. Villani, a.a.O., Bd. 8, 63 f

[20] N. Rodolico, The Struggle for the Right of Association in Fourteenth Century Florence, History 7, 1922, 183 Anm. 2

[21] N. Rodolico, Il popolo minuto, (1899) ND 1968, 102 f

[22] Anonyme Chronik, zit. N. Rodolico, Popolo minuto, 37

[23] ebd., 104

[24] Die Diskussion über die »Economic Depression in the Renaissance« bzw. die »Krise des Feudalismus« in diesem Zusammenhang auch nur andeutungsweise zu referieren, ist leider nicht möglich. Hingewiesen sei nur darauf, daß sowohl Ursachen als auch Charakter der Krise nach wie vor umstritten sind.

[25] G. Pinto, Firenze e la carestia del 1346 - 47, Archivio Storico Italiano 130, 1972, 28

[26] G. Villani, a.a.O., Bd. 8, 192

[27] So W. Abel, Agrarkrisen und Agrarkonjunktur, [2]1966, 59

[28] Ch. M. de La Roncière, Florence. Centre economique regional au XIVe siecle, 1976, Bd. 1, 387

[29] N. Rodolico, Popolo minuto, 98

[30] Ch. M. de La Roncière, Indirect Taxes or ›Gabelles‹ at Florence in the Fourteenth Century, in: Florentine Studies, hg. v. N. Rubinstein, 1968, 160

[31] Seife und Aschensud wurden zur Reinigung der Wolle verwendet; aus der Wurzel der Krappflanze gewann man roten Farbstoff.

[32] Beschluß vom 30. 8. 1369, zit. N. Rodolico, Popolo minuto, 73

[33] R. Romano, L'Italia nella crisi del XIV secolo, Nuova Rivista Storica 50, 1966, 589

[34] Beschluß des Consiglio Generale vom 24. 11. 1371, zit. R. Broglio d'Ajano, Tumulti e scioperi a Siena nel secolo XIV°, Vierteljahrschrift für Sozial- und Wirtschaftsgeschichte 5, 1907, 465

[35] E. Maschke, Die deutschen Städte am Ausgang des Mittelalters, in: Die Stadt am Ausgang des Mittelalters, hg. v. W. Rausch, 1974, 40 Anm. 206

[36] V. Rutenburg, Popolo e movimenti popolari nell' Italia del '300 e '400, italien. 1971, 107

[37] M. Mollat/Ph. Wolff, The Popular Revolutions of the Late Middle Ages, engl. 1973, 139 ff

[38] R. Hilton, Soziale Programme im englischen Aufstand von 1381, in: Revolte und Revolution in Europa, hg. v. P. Blickle, 1975, 32

[39] H. Pirenne, Sozial- und Wirtschaftsgeschichte Europas im Mittelalter, dt. [2]1971, 138 ff

[40] M. Postan, The Medieval Economy & Society, 1975, 213

[41] ebd., 214

[42] P. Vilar, Der Übergang vom Feudalismus zum Kapitalismus (1971), in: Feudalismus – Materialien zur Theorie und Geschichte, hg. v. L. Kuchenbuch, 1977, 683

[43] G. Holmes, Florentine Merchants in England 1346 - 1436, Economic History Review 13, 1960, 200 f

[44] R. Lopez/H. Miskimin, The Economic Depression of the Renaissance, Economic History Review 14, 1961/62, 424

[45] M. Postan, a.a.O., 215 u. 217

[46] K. Marx, Grundrisse der Kritik der Polit. Ökonomie, [2]1974, 137

[47] Ders., Pariser Manuskripte 1844, hg. v. G. Hillmann, 1968, 52

[48] In der Linken ist es seit einiger Zeit schick, von »Verkehrsformen« zu sprechen; diesen Begriff möchte ich vermeiden. Vgl. J. Hofmann, Verkehrsformen – Fußnoten zu einem Begriff, auf dem man neuerdings abfährt, Ästhetik und Kommunikation 27, 1977, 80 ff

[49] F. Schevill, History of Florence from the Founding of the City through the Renaissance, (1936) 1961, 265

[50] N. Rodolico, Proletariato operaio in Firenze del secolo XIV, Archivio Storico Italiano 101, 1943, 7

[51] Catasto von 1427, zit. G. Brucker, The Society of Renaissance Florence. A Documentary Study, 1971, 13

[52] ebd., 10 ff

[53] E. Carus-Wilson, The Woollen Industry, in: Cambridge Economic History of Europe, Bd. 2, 1952, 395

[54] Die wichtigste Quelle hierfür ist der »Trattato dell'Arte della Lana« aus dem 15. Jahrhundert, abgedruckt bei A. Doren, Die Florentiner Wollentuchindustrie, (1901) ND 1969, 484 ff

[55] Statuto dell'Arte della Lana di Firenze (1317 - 19), hg. v. A. Agnoletti, 1940, 15 f

[56] Beschluß vom 27. 4. 1350, zit. Rodolico, Popolo minuto, 71

[57] Statuto dell'Arte della Lana, a.a.O., 68 ff

[58] R. Davidsohn, Blüte und Niedergang der florentiner Tuchindustrie, Zeitschrift für die gesamte Staatswissenschaft 85, 1928, 238

[59] A. Doren, Das florentiner Zunftwesen vom 14. bis zum 16. Jahrhundert, 1908, 224

[60] Dazu F. Melis, La formazione dei costi nell'industria laniera alla fine del trecento, Economia e Storia 1, 1954, 31 ff u. 150 ff und ders., Aspetti della vita economica medievale, Bd. 1, 1962.

[61] Melis, La formazione, 162, gibt das Beispiel von sechs in Prato produzierten Tüchern, deren Herstellung vom 14. Januar bis zum 14. Juli 1396 dauerte.

[62] G. Villani, a.a.O., Bd. 8, 233

[63] N. Rodolico, Il sistema monetario e le classi sociali nel medio evo, Rivista Italiana di Sociologia 8, 1904, 462

[64] M. Stefani, a.a.O., 672

[65] ebd., 382

[66] Rodolico, Il sistema, 463

[67] M. Becker, Problemi della finanza pubblica fiorentina della seconda metà del Trecento e dei primi del Quattrocento, Archivio Storico Italiano 123, 1965, 451

[68] ebd., 440 Anm. 18

[69] ebd., 435

[70] Y. Renouard, Le compagnie commerciali fiorentine del Trecento, Archivio Storico Italiano 96 I, 1938, 52

[71] Dazu R. Trexler, Who were the Eight Saints?, Renaissance News 16, 1963, 89 ff

[72] A. Panella, La guerra degli Otto Santi e le vicende della lega contro i vescovi, Archivio Storico Italiano 99, 1941 I, 45

[73] Brucker, Florentine Politics, 305

[74] ders., Un documento fiorentino sulla guerra, sulla finanza e sulla

amministrazione pubblica (1375), Archivio Storico Italiano 115, 1957, 165 ff

[75, 76] ebd., 172

[77] ebd., 173

[78] zit. Brucker, Florentine Politics, 317. Hervorhebung E.P.

[79] W. Nocke, Der Ciompi-Aufstand im Rahmen der florentinischen Sozialentwicklung, 1978 M.A. Bochum, 40 f

[80] Rutenburg, Popolo e movimenti, 182 f, spricht von einer »partito degli otto«.

[81] M. Becker, An Essay on the »Novi Cives« and Florentine Politics 1343 - 82, Medieval Studies 24, 1962, 39

[82] Brucker, Florentine Politics, 340

[83] M. Stefani, a.a.O., 316

[84] So R. Trexler, The Spiritual Power. Republican Florence under Interdict, 1974, 106 f

[85] So G. Brucker, The Ciompi Revolution, in: N. Rubinstein (Hrsg.), Florentine Studies, 1968, 323 f

[86] La Roncière, Florence, Bd. 3, 1298 et passim

[87] B. Dami, Un demagogo del secolo decimoquarto: Salvestro de' Medici, 1899, 4

[88] G. Brucker, The Medici in the Fourteenth Century, Speculum 32, 1957, 3. Dort auch die folgenden Angaben.

[89] Genau 2790 Florin; das ergibt pro Kopf etwa 87 Florin, was außerordentlich viel ist.

[90] R. de Roover, The Rise and Decline of the Medici-Bank, 1963, 35

[91] G. Holmes, How the Medici became the Pope's Bankers, in: N. Rubinstein (Anm. 85), 357 ff

[92] Es braucht nicht betont zu werden, daß – wie damals allgemein üblich – keines dieser Urteile ausgeführt wurde. Es genügte, daß man für einige Zeit von der Bildfläche verschwand. Wirklich ausgeführt wurden Körperstrafen normalerweise nur gegen Angehörige der Unterschicht.

[93] Brucker, Medici, 15

[94] M. Becker, Church and State in Florence on the Eve of the Renaissance (1343 - 82), Speculum 37, 1962, 518 f

[95] B. Dami, a.a.O., 19

[96] Leonardo Arentini Historiarum Florentini populi Libri XII, RISS 19,3, 1914 - 26, 223. Bruni erhielt für diese Stadtgeschichte zuerst das florentiner Bürger-, dann das Ehrenbürgerrecht. Von 1427 bis zu seinem Tode 1444 war er Kanzler der Republik Florenz.

[97, 98] A. Gherardi (Hrsg.), Diario d'anonimo fiorentino dall' anno 1358 al 1389, 1876 (= Documenti di storia italiana 6), 504

[99-101] A. Acciaioli, a.a.O., 14

[102, 103] M. Stefani, a.a.O., 319

[104] wie Anm. 99

[105] Brucker, Florentine Politics, 371. Die doch relativ große Zahl von Abweisungen macht deutlich, daß die Guelfen in der Kommission, die sich ja wesentlich aus den alten Kollegien zusammensetzte, durchaus über eine Anhängerschaft verfügten.

[106] Ricordanza di Messer Luigi Guicciardini, in: Tumulto dei Ciompi (Anm. 10), 49

[107] Text bei C. Falletti-Fossati, Il Tumulto dei Ciompi, ²1882, 219 ff

[108] G. Brucker, Florentine Politics, 376 Anm. 123

[109] A. Acciaioli, a.a.O., 18

[110] M. Mollat/Ph. Wolff, a.a.O., 147 f

[111] Diesen Ausdruck hat Rodolico geprägt, z.B. N. Rodolico, I Ciompi. Una pagina di storia del proletariato operaio, (1945) 1971, 129

[112] G. Brucker, The Florentine *popolo minuto* and its Political Role 1340 - 1450, in: L. Martines (Hrsg.), Violence and Civil Disorder in Italian Cities 1200 - 1500, 1972, 155 ff

[113, 114] ebd., 157

[115] Lettera d'Anonimo sull Tumulto dei Ciompi, in: Tumulto dei Ciompi (Anm. 10), 141

[116] A. Acciaioli, a.a.O., 20 ff

[117] ebd., 23

[118] M. Stefani, a.a.O., 322

[119] A. Acciaioli, a.a.O., 23 f

[120] wie Anm. 118

[121] V. Hunecke, Il Tumulto dei Ciompi − 600 Jahre danach. Bemerkungen zum Forschungsstand, Quellen und Forschungen aus italienischen Archiven und Bibliotheken 58, 1978, 391

[122] Cronaca terza d'Anonimo, in: Tumulto dei Ciompi (Anm. 10), 130

[123] A. Acciaioli, a.a.O., 24

[124] ebd., 25

[125] ebd., 26

[126] Lettera d'Anonimo, a.a.O., 142 f

[127] Text bei G. Capponi, Storia della Repubblica di Firenze, Bd. 2, (1876) ND 1976, 471 ff

[128] Der Text der ersten Petition bei O. Banti, Noterelle sul tumulto dei Ciompi, Bollettino storico Pisano 28/29, 1959/60, 25 ff. Die zweite Petition ist bisher nicht ediert, Zusammenfassung bei W. Nocke, a.a. O., 89 f.

[129] A. Acciaioli, a.a.O., 30

[130] Lettera d'Anonimo, a.a.O., 143

[131] W. Nocke, a.a.O., 91

[132] V. Rutenburg, a.a.O., 242

[133] ebd., 238 ff

[134] F. Guicciardini, Storie fiorentine dal 1378 al 1509, ed. R. Palmarocchi, (1931) 1968, 1

[135] Leonardo Aretini, a.a.O., 224 f

[136] Gehaltsabrechnungen bei G. Corazzini, I Ciompi. Cronache e documenti con notizie intorno alla vita di Michele di Lando, 1888, 149 ff

[137] V. Rutenburg, a.a.O., 244

[138] Lettera di Nanni Bonifazii sulla caduta dei Ciompi, in: Tumulto dei Ciompi (Anm. 10), 152

[139] Rodolico, Struggle for Association, 189

[140] N. Machiavelli, Istorie fiorentine, nach der Übersetzung von H. Reumont (1846), 1934 u. d. T. »Geschichte von Florenz«, 166

[141] V. Hunecke, a.a.O., 392

[142] N. Machiavelli, a.a.O., 167

[143] W. Nocke, a.a.O., 96

[144] A. Acciaioli, a.a.O., 33

[145] Beschluß der *Signoria*, zit. Brucker, Ciompi-Revolution, 335

[146] M. Stefani, a.a.O., 327

[147, 148] Cronaca prima d'Anonimo, in: Tumulto dei Ciompi (Anm. 10), 77

[149] W. Nocke, a.a.O., 94

[150] Beschluß der *Arte della Lana*, zit. Brucker, Ciompi Revolution, 325

[151] wie Anm. 147

[152] Brucker, Ciompi Revolution, 331 f

[153] Cronaca seconda d'Anonimo, in: Tumulto dei Ciompi (Anm. 10), 114

[154] Rodolico, Ciompi, 148

[155] Cronaca terza d'Anonimo, a.a.O., 130

[156] M. Stefani, a.a.O., 329 f

[157] Brucker, Ciompi Revolution, 339

[158] M. Stefani, a.a.O., 328

[159] Cronaca prima d' Anonimo, a.a.O., 79

[160] Diese Gegend war eines der Zentren der Tuchproduktion, was man noch an den Straßennamen sehen kann: Piazza del Tiratoio, Via dei Tessitori, Via dei Cardatori usw.

[161, 162] Cronaca prima d'Anonimo, a.a.O., 80

[163] A. Acciaioli, a.a.O., 38

[164] M. Stefani, a.a.O., 333

[165] W. Nocke, a.a.O., 103

[166] M. Stefani, a.a.O., 331

[167] ebd., 333

[168] W. Nocke, a.a.O., 105

[169] K. Meschkowski, Le pathétique et la révolution – Le problème du proletariat et de l'avantgarde. Le cas des luttes sociales à Florence à l'aube de la Renaissance, 1959, 147

[170] M. Stefani, a.a.O., 335

[171] G. Antonelli, La magistratura degli Otto di Guardia a Firenze, Archivio Storico Italiano 112, 1954, 3

[172] L. Martines, The Social World of Florentine Humanism, 1963, 105

[173] E. Kessler, Das Problem des frühen Humanismus. Seine philosophische Bedeutung bei Coluccio Salutati, 1968, 205

[174] C. Salutati, De nobilitate legum et medicinae, zit. E. Grassi, Humanismus und Marxismus. Zur Kritik der Verselbständigung von Wissenschaft, 1973, 198 f

[175] E. Grassi, a.a.O., 196

[176] C. Salutati, a.a.O., 200

[177] E. Garin, I cancellieri umanisti della repubblica fiorentina da Coluccio Salutati a Bartolomeo Scala, in: Scienza e vita civile nel rinascimento italiano, 1965, 4

[178] Ser Nofri, Cronaca, in: Tumulto dei Ciompi (Anm. 10), 57. Der Verfasser dieser Chronik ist Notar und arbeitete zu jener Zeit selbst auf der Kanzlei; er muß es also wissen.

[179] D. Marzi, La cancelleria della repubblica fiorentina, 1910, 123

[180] ebd., 125

[181] vgl. Anm. 7

[182] E. Walser, Coluccio Salutati, der Typus eines Humanisten der ältesten Schule, in: Gesammelte Studien zur Geistesgeschichte der Renaissance, 1932, 32 f

[183] »Radikalen-Entscheidung« des Bundesverfassungsgerichts vom 22. 5. 1975, zit. EuGRZ 1975, 404

[184] Doren, Zunftwesen, 231

[185 So] H. Hoshino, a.a.O., 39 ff

[186] Ob es sich dabei um »Vorproletarier« (Rutenburg), »Lumpenproletarier« (Hoshino) oder bereits um »Industrieproletariat« (Doren) handelt, ist eine Frage von minderer Bedeutung.

[187] R. Hilton, IXe Congrès international des sciences historiques, vol. 2: Actes, 1951, 137

[188] P. di Santa Rosa, Il tumulto dei Ciompi, 1843, 237

[189] Dazu E. Fiumi, Economia e vita privata dei fiorentini nelle rilevazioni statistiche di G. Villani, Archivio Storico Italiano 111, 1953, 207 ff, und Tutto su Firenze rinascimentale, ^{4}1964, 105 ff.

[190] Hervorragend rekonstruiert und dokumentiert bei E. Detti, Firenze scomparsa, 1970

[191] Vgl. Rinascita n. 2 (13. 1. 1978) und n. 4 (27. 1. 1978)

Die Übersetzungen stammen, soweit nicht anders angegeben, vom Autor.

Bildnachweis

S. 32 Biblioteca Riccardiana, Florenz; S. 35 Kupferstichkabinett, Berlin; S. 36 L. Zanoni; S. 42 British Museum, London; S. 43 Biblioteca Museo Correr, Venedig; S. 44 L. Zanoni; S. 44 L. Zanoni; S. 45 Biblioteca Riccardiana, Florenz; S. 49 Museo Civico, Bologna; S. 70 British Museum, London; S. 72 British Museum, London; S. 86 K. Stiller; S. 109 Dt. Kunsthistorisches Institut, Florenz; S. 111 Biblioteca Riccardiana, Florenz.

Literaturhinweise

QUELLEN Für die Zeit der Renaissance gibt es keine Stadt in
Europa, über die wir so gut Bescheid wissen, wie über Florenz.
Die unerschöpflichen Bestände des Archivio di Stato, des Archivio dell'Arte della Lana usw. sind bis heute nur bruchstückhaft
bearbeitet (und ediert). Das vorliegende Buch stützt sich ausschließlich auf edierte Quellen, vor allem auf Chroniken. Die weitaus wichtigste Chronik für das 14. Jahrhundert, ja für Florenz
überhaupt, ist die von Giovanni Villani, von der eine wissenschaft-
liche Ausgabe bisher nicht vorliegt. Die bekannteste Ausgabe ist
Cronaca di Giovanni Villani dalla Torre di Babel fino al 1348, ed.
F. Gherardi-Dragomanni, Firenze 1844/45 (ebd. 1846/47 auch
die Fortsetzung von Giovannis Bruder Matteo Villani). Von besonderer Bedeutung, da sie bis 1386 reicht, ist die *Cronaca
fiorentina* des Marchionne di Coppo Stefani, ed. N. Rodolico,
1903 (= RISS, vol. 30). Daneben ist besonders zu nennen das
Diario d'anonimo fiorentino dall'anno 1358 al 1389; in: Documenti di storia italiana, ed. A. Gherardi, Firenze 1876. Alle
übrigen chronikalischen Quellen finden sich in dem unentbehrlichen Sammelband *Il tumulto dei Ciompi. Cronache e memorie,*
ed. G. Scaramella, 1917 - 34 (= RISS, vol. 18, 3). Weitere Doku-
mente findet man in der italienischen Historikerzeitschrift *Archivio Storico Italiano* und in der Literatur, vor allem in den Büchern
von Rodolico (s.u.). Die bisher einzige nichtitalienische Quellen-
edition ist *The Society of Renaissance Florence. A Documentary
Study,* ed. G. Brucker, New York u.a. 1971. Dieses ausgezeich-
nete und preiswerte Buch bietet eine Auswahl von Dokumenten
aus allen Lebensbereichen, vor allem des Alltags.

FLORENZ Von den zahlreichen älteren Geschichten der Stadt
sei nur genannt *G. Capponi,* Storia della Repubblica di Firenze,
3 voll., Firenze 1875, [2]1876, ND 1976. Es handelt sich im wesentlichen um eine Kompilation der Chroniken, versehen mit einem
Dokumentenanhang. Marx hat dieses Werk 1879 exzerpiert. Seine
Exzerpte liegen im Zentralarchiv der ZK der KPdSU (f. I, inv. I,
n. 4081) und sind bisher nicht veröffentlicht. Den neuesten Forschungsstand repräsentieren die beiden Bücher des Amerikaners
G. Brucker: Florentine Politics and Society 1343 - 1378, 1962,
und The Civic World of Early Renaissance Florence, 1977 (beide
Princeton University Press, das erste Buch ist eine revidierte
Fassung der Phil. Diss. 1954). Wer sich speziell für die Löhne und
Preise im 14. Jahrhundert interessiert, kann neuerdings zurückgreifen auf das vorzügliche Werk von *Ch. de La Roncière,* Florence. Centre economique régional au XIVe siecle, 5 voll., Aix-en-
Provence 1976. Daneben sind nach wie vor die beiden Standard-
werke von *A. Doren* heranzuziehen: Die Florentiner Wollentuchindustrie, (1901) ND Aalen 1969, und Das Florentiner Zunftwesen vom 14. bis zum 16. Jahrhundert, Stuttgart 1908.

CIOMPI   Über den »Tumult« der Ciompi sind schon im 19. Jahrhundert eine ganze Reihe (ausschließlich italienische) Bücher geschrieben worden (einen sehr guten Überblick gibt W. Nocke, a.a.O., 4 ff). Den entscheidenden Schritt in der Rezeptionsgeschichte stellen die Arbeiten von *N. Rodolico* (1873 - 1969), einem der bedeutendsten italienischen Historiker, dar. Rodolico, ein Neopositivist, der sich besonders der Sozialgeschichte zugewandt hat, hat zahlreiche Bücher zu fast jedem Bereich der italienischen Geschichte geschrieben. In unserem Zusammenhang sind von Interesse: Il popolo minuto. Note di storia fiorentina 1343 - 78, Firenze (1899) 1968; La democrazia fiorentina nel suo tramonto 1378 - 82, Firenze (1905) 1970; I Ciompi. Una pagina di storia del proletariato operaio, Firenze (1945) 1971. Diese Arbeiten sind inzwischen klassisch zu nennen, tradieren aber auch einige Irrtümer (vgl. z.B. oben Anm. 12). Einer breiteren fachwissenschaftlichen Öffentlichkeit ist der Ciompiaufstand durch das Referat von *A. Sapori* auf dem 9. Historikerkongreß (Paris 1950) bekannt geworden. Die sich anschließende Diskussion ist allerdings weitgehend ohne sichtbare Folgen geblieben. Ebenfalls haben den Ciompiaufstand diskutiert die Mittelalterhistoriker der DDR 1960 in Wernigerode. Dazu *E. Werner*, Probleme städtischer Volksbewegungen im 14. Jahrhundert, dargestellt am Beispiel der Ciompi-Erhebung in Florenz, in: Städtische Volksbewegungen im 14. Jahrhundert, Redaktion E. Engelmann, Berlin-DDR 1960, 11 ff. Unter revolutionstheoretischen Gesichtspunkten beschäftigt sich mit den Ciompi *A.v. Müller*, Ständekampf oder Revolution? Die Ciompi-Bewegung in Florenz 1343 - 1378, in: Ansichten einer künftigen Geschichtswissenschaft 2. Revolution – ein historischer Längsschnitt, ed. I. Geiss/R. Tamchina, München 1974, 54 ff. Dieser Aufsatz gibt gute Literaturhinweise, ist aber mit vielen sachlichen Fehlern behaftet. Auch hat Müller, im Gegensatz zu dem in den Anmerkungen erweckten Eindruck, offensichtlich keine Archivstudien getrieben. Günstig für den deutschen Leser ist, daß den neuesten Forschungsstand zwei deutsche Arbeiten repräsentieren: *V. Huneckes* ausgezeichneter Aufsatz Il tumulto dei Ciompi – 600 Jahre danach. Bemerkungen zum Forschungsstand, Quellen und Forschungen aus italienischen Archiven und Bibliotheken 58, 1978, 360 ff., und die Magisterarbeit von *W. Nocke,* Der Ciompi-Aufstand im Rahmen der florentinischen Sozialentwicklung, Bochum 1978. Der Arbeit von Nocke verdankt dieses Buch am meisten. Wichtig ist auch der erklärtermaßen »revisionistische« Interpretationsversuch von *G. Brucker,* The Ciompi-Revolution, in: Florentine Studies. Politics and Society in Renaissance Florence, ed. N. Rubinstein, London 1968, 314 ff, der aber versucht, die Bedeutung des Aufstandes herunterzuspielen. Die bisher einzige Arbeit, die die Ciompi im europäischen Zusammenhang betrachtet, ist *M. Mollat/Ph. Wolff,* Ongles bleus, Jaques et Ciompi. Les révolutions populaires eu Europe aux 14e et 15e siècles, Paris 1970 (engl. 1973). Den orthodoxen Marxismus vertritt *V. Ruten-*

burg, Volk und Volksbewegungen in Italien im 14. und Anfang des 15. Jahrhunderts, 1958 Leningrad (italien. 1971). Dieses Buch ist einigermaßen langweilig und präsentiert, um die Jungfräulichkeit der Theorie zu erhalten, eine Reihe von Thesen, die ohne materiales Fundament sind. Rutenberg ist der einzige Ciompiforscher, dem die oben erwähnten Exzerpte von Marx zugänglich waren. Diesen Wissensvorsprung nutzt er lediglich, um uns mitzuteilen, daß Marx sich »salopp« ausgedrückt habe, als er die Ciompi bereits als Proletarier bezeichnete. Ein Prosit dem »Marxpfaffentum« (Franz Mehring).

Der 600. Geburtstag des Ciompiaufstandes war für die Stadt Florenz Anlaß zu Aktivitäten besonderer Art. Nach zweimaliger Verschiebung fand vom 16. bis 19. September 1979 im Palazzo Vecchio ein internationaler Studienkongreß statt: *Il tumulto dei Ciompi: Un momento di storia fiorentina ed europea.* Referenten waren unter anderen Brucker, Hilton und La Roncière. Dieser Kongreß veranlaßte das deutsche Fernsehen zu einem 45minütigen Film, der im Frühjahr 1980 vom WDR ausgestrahlt wurde. Der Titel des Films ist mit dem Titel dieses Buches identisch; gleiches läßt sich von den dort vorgetragenen Thesen und Zitaten sagen. Der Autor des Films ist der schon erwähnte Achatz Freiherr von Müller.

ITALIEN

Scuola di Barbiana   Die Schülerschule
Brief an eine Lehrerin. Vorwort von Peter Bichsel.
Politik 21. 160 Seiten. DM 8,50

Tommaso Di Ciaula   Der Fabrikaffe und die Bäume
Wut, Erinnerungen und Träume eines apulischen Bauern, der unter
die Arbeiter fiel. Ein Fabriktagebuch besonderer Art.
WAT 51. 160 Seiten. DM 9,50

Ernst Piper   Der Aufstand der Ciompi
Über den „Tumult", den die Wollarbeiter im Florenz der Früh-
renaissance anzettelten.
WAT 49. 128 Seiten. DM 8,–

Ernst Piper   Savonarola
Umtriebe eines Politikers und Puritaners im Florenz der Medici.
WAT 60. 160 Seiten. DM 9,50

Peter O. Chotjewitz/Aldo de Jaco   Die Briganten
Aus dem Leben süditalienischer Rebellen. Über den Krieg des
modernen Italien gegen Sozialrebellen, die sich im 19. Jahrhundert
der Zentralisierung entzogen.
WAT 19. 192 Seiten. DM 7,50

Corrado Stajano   Der Staatsfeind
Leben und Tod des Anarchisten Franco Serantini. Aus dem Italie-
nischen von Peter O. Chotjewitz.
WAT 26. 160 Seiten. DM 7,50

Sil Schmid   Freiheit heilt
Bericht über die demokratische Antipsychiatrie in Italien. Mit zahl-
reichen Dokumenten, Bildern, Interviews.
WAT 41. 128 Seiten. DM 7,50

Guido Viale   Die Träume liegen wieder auf der Straße
Offene Fragen der deutschen und italienischen Linken nach 1968.
Mit einem Beitrag von Thomas Schmid: Über die Linke und ihren
Anteil am technokratischen Prozeß.
Politik 87. 216 Seiten. DM 14,50

Conrad Lay   Das tägliche Erdbeben
Ein Bericht über die Stadt Neapel: Arbeitslosigkeit, Schmuggel,
Mafia, Revolten.
Politik 88. 216 Seiten. DM 14,50

Pier Paolo Pasolini   Freibeuterschriften
Die Zerstörung der Kultur des Einzelnen durch die Konsumgesell-
schaft.
Quartheft 96. 144 Seiten. DM 14,80

Wagenbach